PROFESSIONAL

士業プロフェッショナル 2022年版

暮らしとビジネスを力強くサポートする

相続・遺言・成年後見 家族信託・事業承継 編

弁護士・行政書士・税理士・公認会計士・司法書士

浪速社

「士業プロフェッショナル　2022年版
―暮らしとビジネスを力強くサポートする―」
〈相続・遺言・成年後見・家族信託・事業承継編〉

はじめに

新型コロナウイルスは未だ感染収束には至らず、コロナ禍を通して長期にわたる景気の低迷、格差社会の広がりなど社会不安の増大によって、暮らしのあらゆる場面で歪みやストレス、リスクが高まっています。

経済活動、社会活動の長期にわたる停滞、将来への不安は、職場や学校、地域社会でのストレスを昂進させ、心身の健康不安をもたらすとともに、格差社会や景気の停滞、雇用不安、いびつな家庭環境がいじめや児童虐待、高齢者の孤独死、若年者の自殺、性犯罪の増大といった社会病理の増殖を生む要因の一つになっているようです。

一方で少子高齢化の進展、なかんずく「2025年問題」に象徴される超高齢社会の到来で、医療、介護、相続、事業承継など、個人（家庭）、法人（事業所）を問わず、今日ほど様々なトラブルや問題の解決に取り組む「社会と暮らしのかかりつけ医」としての士業の専門家の皆さんを頼もしく思うことはありません。

昨今、社会のあらゆる場面でＳＤＧｓ（持続可能な開発目標）が叫ばれていますが、将来にわたって持続可能で豊かな経済活動、安定した国民生活の実現に寄与する士業プロフェッショナルの皆さんの役割はより重要度を増し、守備範囲の拡大と共に、それぞれの士業のエキスパートが連携し、依頼者の多様なニーズに的確に対応できるワンストップサービスの提供が強く求められています。

トラブル社会といわれる現代社会は、個人、法人を問わず係争は年々増大し、債権債務をはじめとしたさまざまな権利関係を巡る係争、相続や事業の承継、離婚や親権の争い、労務問題、税務問題、商取引を巡る争いなど枚挙にいとまがありません。

私たちは相続から遺言、離婚、労務問題や事業承継、各種の契約、M&Aなど経済活動、社会生活に関わる問題の解決に、まさに「社会のかかりつけ医」として奮闘する士業の専門家の活躍を取り上げ、平成24年からシリーズ出版してまいりました。

今回シリーズ第6弾として、相続分野に豊富な経験と知識を有する専門家にフォーカスした「士業プロフェッショナル　2022年版〈相続・遺言・成年後見・家族信託・事業承継編〉　暮らしとビジネスを力強くサポートする」を出版する運びとなりました。

本書にご登場いただいた専門家の先生方は、主に相続関連の分野で暮らしとビジネスを支えてこられた弁護士、行政書士、税理士、公認会計士、司法書士の皆さんです。

健全な事業の発展・存続に尽力され、個々人の暮らし、安心・安全な社会生活、問題解決に奮闘されている士業プロフェッショナルの皆さんを紹介した本書が、悩みを抱える皆さんのよきガイダンスになれば甚だ幸いです。

末尾になりましたが、多忙な中にもかかわらず、私たちの取材に貴重なお時間を割いてご協力いただきました士業の先生方に心よりお礼と感謝を申し上げます。

令和三年十一月

ぎょうけい新聞社

目次

（掲載は50音順）

士業プロフェッショナル　2022年版

―暮らしとビジネスを力強くサポートする―

〈相続・遺言・成年後見・家族信託・事業承継編〉

民事に特化し、依頼者に誠実に確かな戦略性を発揮する

「行動」と「知性」のバランスを重視した民事のスペシャリスト

弁護士法人ACLOGOS
弁護士
亀山　聡

いざという場合に備えて遺言や信託などで
きちんとケアしていれば、
相続争いを防ぐことができます

沖縄を拠点に幅広い民事案件を手掛けている弁護士法人ＡＣＬＯＧＯＳ。検察官として租税公判部での豊富な経験を有し、会社法にも精通した竹下勇夫弁護士と、倒産処理、不動産、相続分野を得意にする亀山聡弁護士が共同代表となって事務所を運営している。

戦火で戸籍が消失するなどし、相続手続が複雑になりがちな沖縄の地において、ＡＣＬＯＧＯＳの何よりの強みは、地元特有の風習をよく理解し、依頼人に寄り添い、依頼者の最良の解決策を提案できる点だ。

亀山聡弁護士はこれまで関わってきた債務整理や遺産分割、不動産関係などの過去の豊富な経験をベースに、幅広い民事に特化した案件に昼夜を分かたず取り組んでいる。

弁護士業務で亀山弁護士が常に心掛けているのが「行動」と「知性」のバランスである。「頭でっかちにならないこと。同時に行動一辺倒にならないこと」を肝に銘じている。

ＡＣＴ（行動）とＬＯＧＯＳ（知性）を組み合わせた事務所の名前「ＡＣＬＯＧＯＳ」（アクロゴス）にも、その思いが込められている。

高い専門性を持つ竹下弁護士と共同で事務所を開設

研修時代に沖縄に配属されたのを機に沖縄に定着

弁護士法人ＡＣＬＯＧＯＳを立ち上げたのは令和元年の事だ。歴史は新しい事務所だが、民事を得意とする亀山弁護士は豊かなキャリアを持つ。

平成24年に司法試験に合格した後、法律事務所に勤務し、弁護士としてのキャリアをスタート。

弁護士法人ACLOGOS

事務所名ACLOGOSの由来は「行動」（ACTION）と「知性」（LOGOS）を組み合わせた

民事を中心に幅広い分野で様々な案件を手掛け、研鑽を積んでいった。

　当時勤務していた法律事務所では、竹下弁護士は事務所の共同経営者であるパートナー弁護士で、亀山弁護士はアソシエイト弁護士（勤務弁護士）の立場だった。

　二人が共同で手掛ける案件もあり、その価値観には共感できる部分が多かったようだ。

「竹下氏は学者肌で、極めて理論的です。その後方支援を受けながら私が実行するという役割分担をしていました」と亀山弁護士は当時を振り返る。

　もっとも、次第に亀山弁護士は、事務所に勤務するアソシエイト弁護士の立場ながら、1つの案件を最初から最後まで単独で手掛けることも多くなっていった。

　そういった状況も後押しして、次第に「独立してもやっていけるのでは」という思いが強くなっていった。機が熟した令和元年、「会社法」を専門とする竹下弁護士と共同で、現在の弁護士法人ACLOGOSを開設した。

　亀山弁護士は神奈川県の出身で、元来沖縄には縁もゆかりもない。しかし研修でたまたま配属された沖縄の地を気に入り、根を張ることになった。
「生まれ育ったのは神奈川県で、大学は東京です。沖縄に縁はなかったのですが、研修時代に沖縄に配属されたことがきっかけになりました。人も気温もあたたかく、海がきれいで、『いい場所』だなと思っていましたが、当時は研修先で独立することになろうとは夢にも思いませんでした」と亀山弁護士。

沖縄特有の慣習を熟知して依頼人の信頼を得る

地元との適応力が求められる祭祀承継や軍用地の相続

ACLOGOSでは沖縄特有の案件を中心に依頼を受けている。また、地元に資産を持つ内地（本州）や海外に住む人からの相談も少なくない。通常の業務では、竹下弁護士が企業関連を、亀山弁護士が不動産、相続、倒産処理それぞれ主に担当している。今最も力を入れている分野は相続であり、相続に関連して、民事信託、事業承継とあわせて今後も強化する方針である。

亀山弁護士が当初苦労したのは、沖縄の土地特有の風習だった。特徴的なのが「祭祀承継」と呼ばれる相続のやり方で、仏間や墓地などを継ぐ者が財産も相続するという昔ながらの慣習だ。

「沖縄の祭祀のルールは『ユタ』（霊媒師）が絡んだり、法律上の養子ではない『養子』が出てきたり、非常に特徴的なので、資料などを調べて勉強しました。また沖縄ではアメリカの占領下にあったため民法の適用が遅く、昔ながらの『長男承継』という意識も残っています。『自分が仏壇を継ぐのだから財産も一緒にもらっていくよ』と主張するご長男が多いのです。法律上、そういう取り決めはないのですが、沖縄の土地ならではの風習といえます」

戦後間もないころの戸籍が問題を生む事例もある。過去の戦争で激戦地となった沖縄特有の案件とも言えるが、他人なのに「実の子だ」と主張するというケースがある。

また米軍基地が多いため、「軍用地」の相続も地元ならではの案件だ。一般的に米軍や自衛隊に貸し出している土地は国有地だが、沖縄では戦後の混乱もあり、私有地が軍用地として使われてきた歴史がある。県外の住民が安定資産、相続税対策のため所有するケースも増えており、その地価は値上がりの傾向にある。

「軍用地は相続における土地の評価が低く、実勢との間に差額が生まれることが多いのです。税金対策にもなるので、沖縄以外の人が購入しているケースもあります。沖縄特有の難しい問題です」

20年から30年も続く長期の遺産相続問題を無事解決

遺産分割の協議中に相続人が亡くなって事態がより複雑に

民事を得意とする亀山弁護士だが、中でも多く手掛けきたのが相続関連の案件だ。印象深かったのは公正証書遺言が無効判断されたケースだ。多くの遺産が存在し、関連する企業の事情も影響して20年から30年も争いが続いている難しい事例だった。

「私が弁護士になるずっと前の平成5年ころから争いが絶えない相続でした。最終的には遺産分割を終えて不動産も売却し、会社の整理までやりました。しかし、処理すべき事案が山積し、作業も難航しました。相続人同士の係争が解決を長引かせたのですが、何とか決着に至りました」と述懐する。

「相続の問題は多くの場合親族がその対象となります。相手のことをよく知っているがゆえに、他人とのいざこざよりも感情的になるのでしょう」と語る亀山弁護士だが、「親族同士であれば、元々仲が良くて交流もあったはずです。しかしお互いよく知っている間柄だけに、嫌な所も余計に見えてしまうのでしょう」

このほか、相続手続きの依頼で苦労したケースとして、相続人が20人近い遺産分割の事例を挙げる。遺産分割が終わるまで暫定的な財産管理を行い、相続人をグループ分けして意見聴取するなど工夫して対応した。遺産分割の協議途中で相続人が亡くなるなどして、事態が余計に複雑になったこともあったそうだ。

「この事案では、遺産の中に他人へ貸している不動産もありました。しかも売却の過程で、不動産が越境していることも判明して、隣地所有者との調整も行ったので、その交通整理が大変でした。しかも協議の最中に相続人で亡くなる人が出て、さらに相続手続がややこしくなりました。これには苦労しました」と苦笑する。

税務スタッフを起用してワンストップの体制を整備

遺言の重要性を伝えるためセミナーを開催へ

苦労を重ねて様々な民事案件を解決してきた亀山弁護士が、依頼を受ける際に最も心掛けているのが、「よく話を聞くこと、頭でっかちにならないこと」だ。

複雑な相続案件も手掛ける

クライアントとのコミュニケーションが何より大切ということで、この姿勢は「行動」（ＡＣＴＩＯＮ）と「知性」（ＬＯＧＯＳ）を組み合わせた事務所の名前「ＡＣＬＯＧＯＳ」に体現されている。

「依頼人は法律の専門家ではないので、何が大切な情報なのか取捨選択することは難しい。その一方で私たち弁護士も、依頼人の事情を熟知しているわけではありません。要点を絞り込んでしっかり話を聞かないと、大事な事実を見落としてしまうことになりかねません」

相続手続において弁護士の出番が後手に回ることが多い。相続手続でまず必要となるのは、相続税を担当する税理士や、登記などを手掛ける司法書士などで、通常この段階では弁護士の出る幕はあまりない。遺産分割でいざこざが起こった後にその解決のため、弁護士に相談する場合が多い。

「困難な状況になった場合に立ち会うのが弁護士という仕事の宿命なのだろうと割り切っています。それだけに、遺産手続きを巡って極力トラブルや係争が発生しないよう、ＡＣＬＯＧＯＳでは専属の税務スタッフ（税理士法人での勤務歴があり、税理士登録資格を有する者）を起用して、税務申告等のお手伝いがワンストップでできる体制を整えています」

亀山弁護士は被相続人が生前に遺言を残しておくことは重要だと考えている。地元の不動産会社とタイアップして、オーナー向けに遺言に関するセミナーの開催を予定している。

「相続の手続きや遺言などはトラブルが持ち上がって初めてその重要性に気付いて対策に窮することが多いのです。広く関心を持っていただくためには、私たちから色んなアプローチや地道な啓発活動などを行っていかなければならないと思います」

柔軟な設計をすることができる「民事信託」

備えあれば憂いなし、専門家への相談は転ばぬ先の杖

亀山弁護士は遺言と後見を補完することができる「民事信託」を勧める。法定後見などと比べて自由度が高いこと、後見の中身を比較的柔軟にデザインできることなどが大きなメリットだという。中でも「会社経営者や収益不動産を持っている方にはとくに有益です」と亀山弁護士は強調する。

「遺産相続を巡って相続人同士が争うのは不幸なことです。いざという場合に備えて遺言や信託などできちんとケアしていれば、相続争いのほとんどを防ぐことができます」

弁護士など士業の専門家に相談するメリットは大きいが、亀山弁護士は事が起こる前に、早めに相談することが大事だと強調する。

那覇市内にある弁護士法人 ACLOGOS

「弁護士と話をすることで精神的に安心できますし、また自身の頭を整理する意味でも法律の専門家と話し合うメリットがあると思います。特に大きな資産を相続する場合は是非、早い目に相談に来ていただきたいですね」

ＡＣＬＯＧＯＳは現在、弁護士2人を含めて総勢7人の体制だが、当面の目標は、沖縄を拠点に事務所をスケールアップすることだという。

「ある程度のスケール感を出すことで、専門性を高めるとともに、事務所の存在感を示せるのではと考えています。民事の枠を広げる意味で専門性の高いスタッフを集めていきたいと考えています。竹下と連携を取りながら、ワンストップで対応していける体制を徐々に整えていきたいですね」

業務面では事業承継が強化ポイントになる。沖縄県をはじめ、日本国内法人では経営者の高齢化が大きな課題の1つで、それゆえ事業承継の体制強化の必要性がある。「行動」と「知性」に裏付けされた理念を基に、民事を強みにする事務所の拡大を目指すＡＣＬＯＧＯＳの挑戦は続く。

PROFILE

亀山　聡（かめやま・そう）

神奈川県生まれ。
平成 21 年に慶応義塾大学法学部卒業。同 24 年に慶應義塾大学法学部法務研究科（ロースクール）卒業。同年司法試験合格。法律事務所勤務を経て令和元年弁護士法人 ACLOGOS を設立。

【所属・活動】

私法学会、経営法曹会議会員。沖縄県事業引継ぎ支援センター事業承継コーディネーター。

INFORMATION

弁護士法人 ACLOGOS

https://aclogos-law.jp/

所在地

〒 900-0021　沖縄県那覇市泉崎 2 丁目 3-20
三医会ビル 3 階
TEL　098-996-4183　FAX　098-996-4187

アクセス

ゆいレール県庁前駅から徒歩 10 分
県庁南バス停から徒歩 1 分

設　立

令和元年

業務内容

債務処理、事業承継、相続問題、企業法務、土地・建物・建築紛争、交通事故

理　念

「些細なことも見逃さない親身な相談姿勢」と「依頼者と共に行動する行動力ある弁護士」を信念に業務を遂行

9割の相続税評価圧縮、財産を100％残すためには

銀座や東京駅周辺など都心の一等地への資産組換え実績

芦原会計事務所
代表　税理士
芦原　孝充

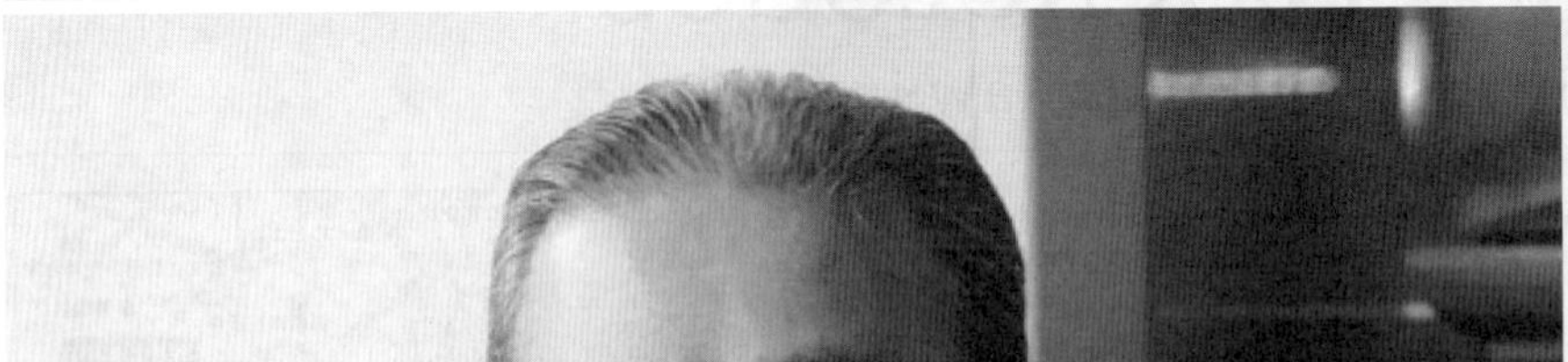

長年の経験で培ったプロの目利きを活かし、クライアントお一人おひとりにベストなプランを提案します

芦原会計事務所では開業以来、不動産を利用した相続対策コンサルティングで、多くのクライアントの相続税評価減を実現させるなど、実績を築き上げてきた。

「相続対策に不動産を活用することによって、数億円単位の相続税を数千万円に引き下げることができます。同時に一定の利回りを得ることもできます。弊所には長年の経験から蓄積された独自のノウハウがあります」

こう穏やかな表情で話すのは、芦原会計事務所代表税理士の芦原孝充氏。税理士でありながら、自身がこれまで積上げた豊富な知識・経験を武器に、税務のみならず、資産運用のコンサルティングに大きな強みを見せる。相続対策の分野で、他の税理士の追随を許さないひときわ大きな存在感を放っている。

都内商業地1万坪のコンサルティングを手掛け開業を後押し

地主、医師、大会社創業者一族に関与し信頼を得る

税理士を志したきっかけについて芦原代表は、「私は会津の造り酒屋に生まれ、高校進学を機に上京しました。当時の酒造業は他より20年早い衰退期を迎えており、経済メカニズムに関心を持つようになっていました。そのヒントが得られるのでは？　と思い、大学卒業後に税理士業界に飛び込みました」

会計事務所勤務の間に税理士資格を取得。その後、コンサルティング会社へ移り、自身の目指す税理士像に出会う。

東京ドームに程近い春日通り沿いの事務所

都心一等地への資産組み換えにより、数億単位の相続税を数千万円に

相続税法の規定と市場メカニズムの違いが簿外資産を生む

現在につながるコンサルティング会社での仕事内容について芦原代表は、「その頃の経験が、今日のコンサルティングの原点となっています。1万坪を超える都内商業地の貸宅地整理や資産組み換えをはじめ、主に相続対策を手掛けてきました。資産100億円規模の案件が珍しくありませんでした」と、当時を振り返る。

コンサルティングの経験を基に、平成5年東京都港区に芦原会計事務所を開業する。「大口担当先を引き継いだことが開業を後押ししてくれました」と—。

芦原会計事務所は、不動産貸付（地主、大会社創業者一族など）を中心に関連する資産管理会社や事業会社なども含めるとその関与比率は90％を超える。

相続税の分野では相続税申告に力を入れる税理士が多いなか、事前の相続対策を他に先駆けていち早く取り組んできた数少ない事務所だ。とりわけ得意とする、不動産を利用した相続対策は高い評価を得ている。

芦原会計事務所が推し進める〝事前の相続対策〟、それは約80～90%の大幅な相続税評価の圧縮と、それによる相続税の軽減が期待できる。目的とするものは、①相続税の軽減、②長期の資産価値向上の二つ。資産規模の上限を問わず、数百億円を超える依頼にも対応することができる。

資産家に関心の高い、そのコンサルティングとは、どのようなものなのか。

「相続に備えて、まず手持ちの資産を不動産、それも都心の一等地に組み換えていただきます。①節税と②投資の二つの効果を得るためです。これにより相続を経てもなお、資産を減らすことなく成長させ続けることが出来るはずです」

一つ目の効果、①節税について芦原代表は次のように説明する。

「相続税評価は〝全国一律〟に、土地評価＋建物評価の合計額です。一方、市場価格は土地・建物一体の将来に亘る利用価値を反映します。相続税評価と市場価格との間に乖離が生じるのはそのためです。坪単価が高い都心一等地ほど顕著です。この違いを料理に例えると、前者が調理前の食材、後者はシェフが作った料理です。腕次第で食材は様々に変化します。しかしその腕前（付加価値の部分）は市場価格に反映されるものの、相続税申告時にはカウントされないのが普通です。先祖伝来、都心に不動産を所有し続ける隣近所で―駐車場ｏｒ貸ビルといった―その活用方法の違いから生じる付加価値にまで税務署は関知しないのです」と、その仕組みを話してくれた。

対策による効果は、次のようにイメージできる。10億円の相続財産の場合、相続税は単純に約5億円になる。これを資産組み換えにより約5千万円に、さらに保険金を納税に充て１００％の財産を残す。

「この理論上の事柄を、実際に依頼者のご要望に近い形で実現して差し上げるのが、コンサルティングの力です」

不動産への資産組み換え効果は節税だけではない、運用利回りとキャピタルゲインも
コンサルティングの良し悪しは、プロの目利きで決まる

資産組み換えの真骨頂は、相続税対策のシーンだけではない。その後の運用においても大きな果実を得ることができる。

物件の殆どで3〜6％の利回りを生む。低金利で資本コストの低い今の時代、都心の不動産所有は人気となっている。

二つ目の効果、②投資について芦原代表は「都心一等地は、長期時間軸の下で極めて高い不労所得を生んでくれます。経済拡大に伴い成長し続ける永久運動のようなものです。例えば、丸の内一帯を三菱が坪20円足らずで取得した事や、ニューヨークのマンハッタン島を先住民から24ドルで手に入れたなど、その成長神話は枚挙に暇がありません」

「そして1990年前後を境に、私たちのマーケットはグローバル化の名のもとに一挙に4倍に拡大したのです。世界を牽引する資本が、ニューヨーク、パリ、東京など世界中の一等地へと集中しているのはそのためです」

相続税圧縮や利回り・キャピタルゲインなど、多くのメリットが生まれる都心一等地だが、「物

件を購入する上で、どのような物でも大丈夫ということではありません」と注意を促す。

「条件を兼ね備えた物件は、都合良くそう簡単に手に入るものではありません。現に都内の一等地は、その優位性ゆえに大手企業と海外資本が殆どを独占、個人の取得には高いハードルが存在します。また、運良く取得できたとして、経済的・法的条件を満たし得るか否か、個別の状況を判断する必要があります」

長年の経験で培ったプロの目利きを活かし、クライアントお一人おひとりにベストな物件を提案。具体的には「㋑財産の現状分析、㋺物件の評価、㋩意思決定」の順で進める。

そして当該コンサルティングの難しさについて芦原代表は、「㋩意思決定が最も難しいと言えます。億単位の投資を、それも素早く……。

初めての方はどなたも、非日常的な心理的負荷を強く感じるものです。しかし都心一等地ほど、とにかく足が速い。将来利益を先取りしようとしてマネーが集中するためです」と淡々と語りかける。

EVAが分かれば、世の中の全てが違う景色に見えてくる

2013年6月の著書にて、アベノミクスの失敗を明言したその根拠を語る

2013年に「EVA（エヴァ）Money（マネー）―ミリオネアの思考軸―」を上梓。芦原代表は、「市場原理の軸、それがどのようなものなのか。資本の成長スピードをメカニズムに拘って書いた」。「EVA Money」は、金融・経済・経営・会計の分野―過去から未

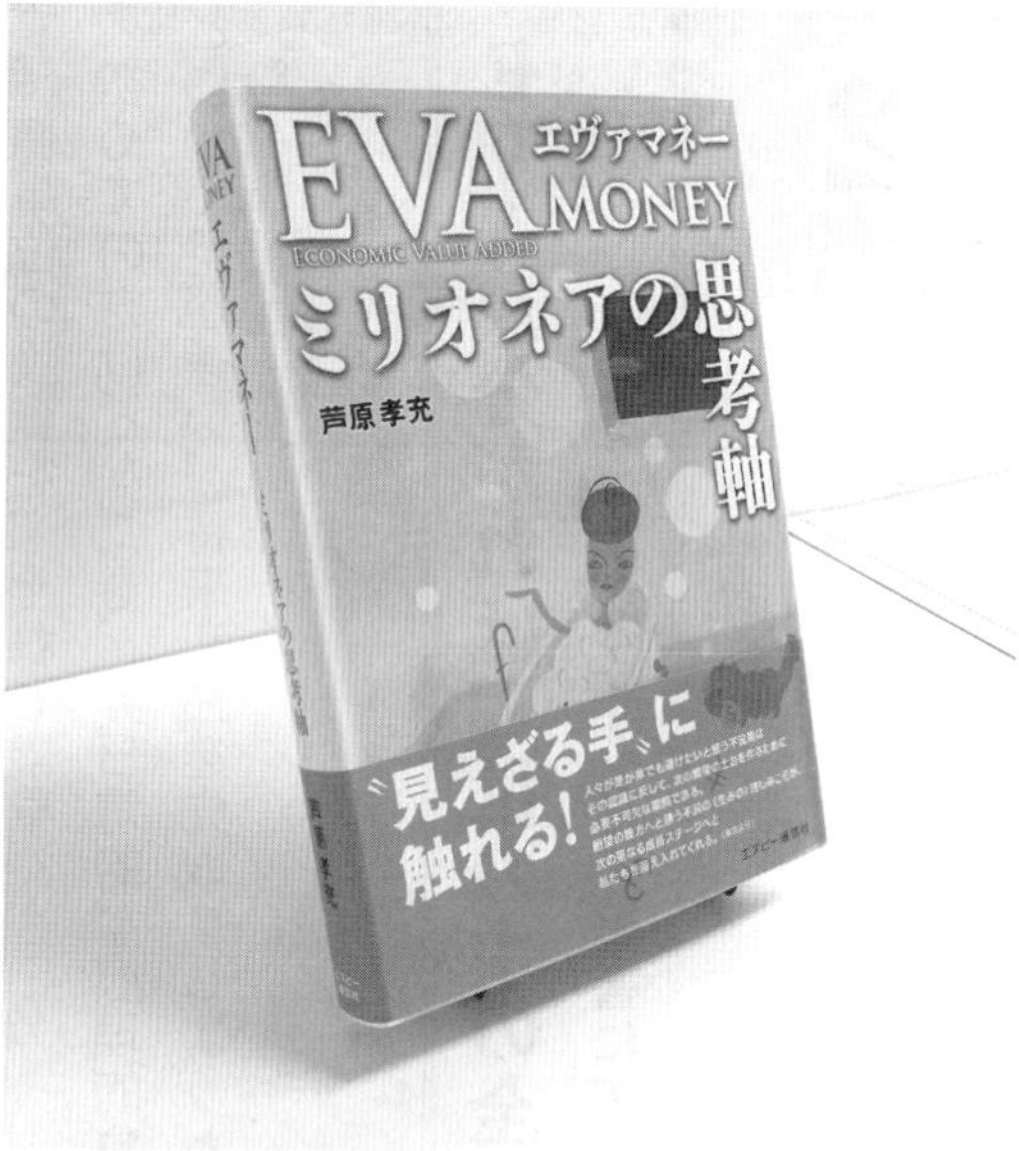

2013年に出版した芦原代表の著書
「EVA　Money －ミリオネアの思考軸－」

来に跨る時間軸―を串刺しした新しい知見。「EVA」の進化系だ。

会計が株価に作用する一連のメカニズム（B／S、P／Lのどこを変えれば市場の株価がどの様に変化するか）とマネー・メカニズム（金融緩和のマネー価値への作用）を表裏一体に説明。

本書の根幹をなす「EVA（経済付加価値）」は、投資や経済の流れを読み解く上で重要な概念だ。かつて、投資の神様ウォーレン・バフェットが、EVAを用いた投資により莫大な利益を得、フォーブス誌の世界ナンバーワンに躍り出た。それによりEVAは世界中に知れ渡る。

2013年6月の著書においてアベノミクスの失敗を言い当てて見せた。なぜ？　それを断言できたかについて芦原代表は、「決め手はEVAの数値です。EVAがマイナスである限り、どんなにマネーを発行し続けても経済が回復することはありません。逆にプラスであれば、多額の資本を投下すればするほど、EVAの数値に比例してその価値が上がり経済成長するのです。……そもそも、道具が間違っていたら正しい結果は出せないんです」と。

そしてEVAのファインダーから見る資本主義のフィールドの景色は次のように見て取れるという。

「日本経済の回復は、残念ながら期待できないでしょう。一人当り所得は、かつての経済大国であった頃が忘れ去られるほど低下する、私達はその途上にいるのだと思います」

過去30年間に、ありとあらゆるモノの価格競争が世界中で起きている。上がるものも下がるものもある中で、その動きを掴み取る技術がEVAなのだ。芦原会計では「EVA Money」をコンサルティングに活かし差別化を図る。

不動産でお困りの方はご相談下さい。無料相談も実施しています

芦原健太税理士、テーラーメードを保ちつつクライアントの幅を広げたい

芦原代表は「①相続対策を実現したい、②都心に優れた物件が欲しい、③不動産の買い手を探しているなどの方は、お気軽にご相談ください」と呼びかける。特に「③小型のビルは一週間内に買主を探し返事します。スピードはどこにも負けません」

相続対策を検討している方々に向けて芦原代表は、「相続対策は、資産形成過程で投資や経営と並行して行っていくのが理想です。相続は亡くなってからではなく、生きているうちから始まっているのです。その点でも『資本の成長スピード』をテーマに、この仕事と向き合っています」と凛とした表情。

「20世紀の100年間に米国の株式市場では、1ドルの投資が1万7千ドルに成長しました。約7年ごとに2倍に膨らむ速度です。スタート時の100万円が35年後に3200万円に、その7年後に6400万円、さらに1億2800万円……。これはバフェットの投資術にも通じることですが、

芦原会計事務所の将来を担う芦原健太税理士（写真左）

このように時間を味方に付けた『利回り』は大きな力を持ちます」

「ベンチマークであるこの利回りと競争することが投資や経営の基本です。……常に海外資本の下支えがあり、国内不動産全般が下落したとしても安定的に推移し、回復時にはいち早く上昇が見込める。そして流動性が高い。だから、ベンチマークと連動する都心一等地が選ばれるのです」と熱く語る。

資産組換えによる〝事前の相続対策〟―パイオニアとして取り組む芦原代表のもとには、長男の健太税理士がいる。

芦原健太税理士は大学卒業後20代前半に税理士資格を取得。大手税理士法人に勤務し、上場企業の申告案件・中小事業会社の経営相談・個人の相続案件などを手掛けている。

また、時代変化への対応（RPAの活用・クラウド会計など）の点でも最先端の技術に触れてきた。

取材の最後に芦原代表は、「……お話しした通り、事前の相続対策は高い効果が期待できます。クライアントがいて下さったからこそ出来たことです」と笑顔で語ってくれた。

PROFILE

芦原　孝充（あしはら・たかみつ）

昭和 37 年生まれ。福島県出身。慶應義塾大学（商学修士）。会計事務所・コンサルティング会社勤務を経て平成 5 年東京港区に芦原会計事務所を開業。金融・経済・経営・会計を串刺しした新しい知見「EVA　Money」を“事前の相続対策”に活かし、相続後の資産残存率 100％を目指す。平成 19 年～令和 2 年拓殖大学で教鞭を執る。租税訴訟学会会員。

著書：「EVA　Money ーミリオネアの思考軸ー」A5 判 328 頁 /NP 通信社。

【インタビュー記事・投稿など】

週刊新潮、週刊エコノミスト、ダイヤモンド、プレジデント、納税通信、税理士新聞など。

【記事広告】

産経新聞　2020.03.31　全面記事
産経新聞　2021.01.04　全面記事
朝日新聞　2021.03.30　「税理士 50 選」
朝日新聞　2021.09.30　「税理士 50 選」他多数

INFORMATION

芦原会計事務所

https://ashihara-kaikei.com/

所在地

〒 112-0003　東京都文京区春日 2-19-12
小石川ウォールズ 6F
TEL　03-5801-0815

アクセス

東京メトロ　丸の内線　後楽園駅徒歩 9 分

設　立

平成 5 年 7 月

業務内容

事前の相続対策、相続税申告、税務コンサルティング等、税務に関する様々なご依頼（事前の相続対策は、最小 1 億円～最大 500 億円の相続税評価減を希望する方対象）

コンセプト

「資本の成長スピード」をテーマに、小粒でもキラリと光るビジネス（不動産貸付・不動産投資・事業会社など）を支援――相続対策は、資本を減らすことなく成長させるための手立て

埼玉県北部・秩父エリアにある〝困りごとの総合病院〟

相続・事業承継など、あらゆる問題をワンストップで解決

司法書士・行政書士法人
あすか綜合法務事務所

代表　司法書士・行政書士
澤井　修司

残されたご家族が困らないように、
また争いごとにならないように、遺言書作成を
できるだけお元気なうちに行って欲しい

埼玉県北部・秩父エリアは、いくつもの清流や山々に囲まれた自然豊かな秩父市や寄居町、渋沢栄一を輩出した深谷市、日本有数のラグビータウン熊谷市などを擁する。秩父・長瀞への観光や、渋沢栄一を描いた大河ドラマの放送、ラグビーワールドカップの開催など、近年盛り上がりをみせている地域だ。

そんな埼玉県北部・秩父エリアにおいて、近年一際大きな存在感を放つ士業事務所がある。それが司法書士・行政書士法人あす綜合法務事務所だ。相続や不動産登記、企業法務といった業務はもちろん、他の様々な困りごとにも独自のネットワークを駆使して対応。どんな悩みにも応じる〝よろず相談所〟として、地域住民の生活や地元企業の経済活動を力強く支えている。

「都心では専門特化型の事務所でもニーズがあると思いますが、地方で求められるのは万能型。だから私は当事務所を〝困りごとの総合病院〟のような存在にしたかった」

こう話すのはあす綜合法務事務所グループ代表で司法書士、行政書士の澤井修司氏。地域から様々な相談が寄せられる中、現在は相続や事業承継の相談が多く舞い込み、多忙な日々を送っている。

「田舎に住んで、田舎でビジネスがしたい」と司法書士を志す

都内事務所勤務で経験を積み上げ、24歳という若さで独立

群馬県前橋市出身の澤井代表は、幼少期より群馬、埼玉、東京と住まいを転々とした生活を送っていた。そんな彼が士業の道を志したのは大学1年の頃。「私は各地を転々とした生活を送っていたので地元というものがありません。だから自分の地元をつくり、そこに密着し、地

域に貢献できるような仕事に就きたいと思っていました」

また澤井代表は、これまで色んな土地に住んできた経験から、都会よりも田舎での生活に憧れをもっていた。「田舎に住んで、田舎でビジネスができれば幸せだなと。この夢を実現するための仕事を色々模索し、辿り着いたのが司法書士・行政書士でした」

資格を取得するための勉強をはじめ、大学2年の時に行政書士。大学4年で司法書士の資格を取得した。またこれと並行し、実務経験を積むため、司法書士行政書士事務所、不動産会社で勤務。

「都内で勤務していた司法書士行政書士事務所の所長から『この事務所を継いで欲しい』と打診を受けたこともありましたが、田舎で独立開業すると決めていたので、丁重にお断りしました。お声がけ頂いたことはありがたかったですね」と当時を振り返る。

大学卒業後も2年間勤務を続け、自身24歳の時に埼玉県秩父郡皆野町の地にて司法書士・行政書士あす綜合法務事務所を開設した。「埼玉県の秩父エリアを開業地に選んだのは、自分のスキルと地域ニーズがマッチすると考えたこと。それに秩父・長瀞・寄居といったエリアは自然豊かで文化的で、都心へのアクセスも至便で、このエリアにずっと住んでいきたいと強く思ったからです」

人との繋がりを重視し、仕事がじょじょに舞い込む

「業務拡大はスタッフ、お客様、仲間のおかげ」

開業したは良いものの、人脈やコネもなしという全くのゼロからのスタートだった。「スキルは自信があったのですが、当然ながらいきなりガンガンと仕事が舞い込むわけでもなく

…。時間だけはあったので、事務所のフローリングを自分で張り替えたり、棚を作ったり、ずっとDIYしていましたね（笑）」と懐かしく開設当初を振り返る。

こうした状況から事務所を軌道に乗せるため、澤井代表がとった行動は〝人脈づくり〟だった。

「まずは私の顔と名前を覚えてもらうことが大切だということで、様々な団体が主催する会合に参加させて頂きました」

人との繋がりを何より重視したことで、商工会や商工会議所などからクライアントを紹介してもらうなど、仕事がじょじょに舞い込むように。さらに、看板の設置や事務所ホームページを充実させ、債務整理や相続を中心に仕事依頼はますます増えていった。「当事務所で仕事を手掛けさせて頂いたお客様が、ご自身の知り合いやご家族を紹介下さるケースもあり、人脈が広がっていくとともに、仕事もどんどんと増えていきました。ご紹介頂いた案件に向き合い、ご期待に沿えることで、さらに信頼関係が深まるんですよね。今では、埼玉県商工会議所連合会・埼玉県商工会連合会から県内全域の経営指導員が集まる研修会の講師をご依頼頂くほどになっています」

仕事の増加とともに、事務所規模も拡大。1拠点が2拠点、3拠点に。2015年には行政書士佐藤秀太郎氏と手を組み、深谷熊谷OFFIC

事業承継やM＆Aに係る許認可業務を主に手掛ける
佐藤行政書士

Eを開所。2017年には秩父駅から徒歩数分という交通至便な場所に事務所を移転開業。現在（2021年10月現在）では、この秩父オフィスに深谷熊谷、寄居、熊谷星川の各OFFICEを加えた4つの拠点で業務を行っている。

開業当初は澤井代表一人だったスタッフの陣容も、今では総勢20名超でエリア屈指の陣容を誇る。「新店舗の展開にしても新規事業の展開にしても、優秀なスタッフの頑張りに加えて、これまで培ってきた人間関係と信頼関係が後押ししてくれます。「澤井君は信頼できるよ」とご紹介等のサポートをしてくださる先輩や仲間がたくさんいるので、業務拡大をスムーズに進めることができています。スタッフ、お客様、仲間に感謝です」

人を惹きつける人間的魅力と豊富な人脈、そしてコミュ力の塊のような澤井代表だからこそ作り上げることができたオンリーワンのグループだ。

毎年100件ほどの依頼を受ける相続・遺言案件

遺言書作成をはじめとした生前の相続対策に注力

あす綜合法務事務所は現在、不動産登記、相続・遺言、自動車登録、会社登記・許認可という4つの分野を業務の柱としている。中でも相続・遺言案件は、毎年100件ほどの依頼を受けるなど、これまで豊富に実績を重ね、近年では高齢化社会という状況もあいまって、ますますニーズの高まる分野となっている。

「被相続人が亡くなり、相続が発生すると、相続人の特定や財産目録・遺産分割協議書の作成、不動産・預貯金の名義変更などやるべきことがたくさんでてきます。また、手続きも煩雑で期限があるものもありますので、ご自身でやろうとはせず必ず我々専門家を頼って欲しい」

また澤井代表は、こうした相続発生後のサポートに注力する一方で、遺言作成をはじめとした生前対策にも力を入れた取り組みを行っている。「残されたご家族が困らないように、また争いごとにならないように、弊所では遺言書の作成をお勧めしています」

さらに澤井代表は、「この遺言書作成をできるだけお元気なうちに行って欲しい」と呼びかける。「お客様から遺言書作成の依頼を受けたにもかかわらず、作成前や作成するまさに当日にお亡くなりになってしまうケースをこれまでいくつも経験してきました。亡くなった方の意向を汲んだ遺産相続ができないのはとても悲しく、特に遺言書作成当日にお亡くなりになってしまったケースは本当にやりきれない気持ちになりました」

こうした事態を避けるため、「元気なうちに」と呼びかける澤井代表だが一方で「相続の生前対策は、死を意識せざるをえない作業ですので、どうしても前向きに取り組むことが難しいものだと思います」とも。

「家系図作成をきっかけに相続、事業承継を行う準備を」

セミナーや各種メディア出演などでの地域貢献活動

相続の生前対策を少しでも前向きに、そして早めに取り組んでもらおうと、あす綜合法務事務所では近年、一風変わったサービスを提供している。それが「家系図作成」だ。「私たちが調査で

司法書士・行政書士法人 あす綜合法務事務所

「相続は手続きが煩雑で期限があるものもありますので必ず我々専門家を頼って欲しい」と話す澤井代表

きる戸籍から、何世代も前の先祖から今に至るまでの家系図を作成し、ご自身のルーツを知って頂きます。いわばロマンを追及する前向きな作業でもありますし、これを相続や事業承継を準備するきっかけにして欲しいと思っています」

子供へのルーツ教育の一環にもなる家系図作成は、サービス開始以来好評で、すでに何件かの依頼を受けているという。

こうして、長年相続案件に力を注いできたあす綜合法務事務所には今、個人の相続のみならず、地元企業経営者からの事業承継相談も多く舞い込んでいる。「最近も、秩父市を代表する大企業の社長様から事業承継のご相談を頂きました。遺言書を作成し、私が遺言執行者として管理させて頂いています」

澤井代表はこうした活動が、「地域経済への貢献につながる」と話す。「地元企業が相続を巡る争いで相続倒産となれば、地域経済への打撃も大きなものがあります。それを防ぐためにも、社長様の相続、企業の事業承継をスムーズに進めるサポートは今後も積極的に行っていきたい」

企業支援による地域貢献を実践する澤井代表はまた、セミナー講師やメディア出演などを通した情報発信という形での地域貢献活動も、業務の合間を縫って行っている。セミナー講師は過去に50

回以上の実績があり、埼玉県庁はじめ、銀行、商工会、様々な大手企業からの依頼で登壇。テーマは相続・遺言、事業承継を中心に、起業や借金問題など幅広い。メディアへの出演という部分では、地元ラジオ局やビジネスマン・士業向けの「月刊プロパートナー」という雑誌などがあり、各方面に有益な情報を発信している。「今後もご依頼頂ければ積極的に情報発信をしていきたい」

事務所最大の強みは「フットワークとネットワーク」
困った時は一番に相談される地域のファーストチョイスに

事務所開設以来、様々な強みを発揮し、クライアントを着実に増やし、地域における存在感を日に日に高めているあすか綜合法務事務所。澤井代表が事務所の強みという点で強調するのが、「フットワークとネットワーク」だ。フットワークに関して澤井代表は、「我々士業は殿様商売と揶揄されるような業界です。実際敷居が高い事務所もありますし、事務所から一歩も出ない先生もいらっしゃいます。我々はこうしたイメージを覆すべく、若さを生かした迅速な対応と、ご希望に応じてこちらからお客様のもとへ出向くスタンスで業務を行っています」とアピールする。

「ある企業の経営者様からは『何人も司法書士の先生とお付き合いがあるが、弊社を訪れてくれたのは澤井君が初めてだ』とおっしゃって頂きました」

またネットワークに関しては、各方面に渡る豊富な人脈がまさにそれで、開設当初から人脈づくりを何より大切にしてきた澤井代表の努力の賜物だ。「お客様の困りごとは多岐に渡りますが、中には弊所で対処しきれないものもあります。でもそれを断ってしまうのではなく、安心して任せら

司法書士・行政書士法人 あす綜合法務事務所

2021年4月にあす綜合法務事務所・猪原英和弁護士（写真右）と業務提携。両者が連携して業務にあたる

れる専門家や支援機関をすぐにご紹介させて頂ける。これを成せるのが、弊所で大切に培ってきた人的ネットワークです」

澤井代表は今後、「このネットワークをフル活用して業務を行っていきたい」と前を見据える。「何か困った時はあす綜合法務事務所にとりあえず相談してみようと、地域のファーストチョイスになっていきたい。またデジタル化の加速で、都心の専門家が地方の仕事に関わることも増えてきている状況ですが、当事務所が都心の先生と地方を繋ぐハブ的な役割も果たせていければとも考えています」

独立から14年。これまで着実に成長の階段を駆け上がってきた澤井代表は、現状に応じて常に身の丈にあった目標設定を行ってきた。そんな彼が今見据えるのは埼玉北部・秩父エリアナンバーワンの事務所。2021年4月にはその足掛かりとして、熊谷市で活躍している弁護士猪原英和氏と提携した。事務所名を猪原法律事務所からあす綜合法務事務所へ改称し、連携して業務にあたる。相続・遺言・事業承継全般を澤井氏が、調停や審判のからむ相続事件を猪原氏が、事業承継やM&Aに係る許認可業務を佐藤氏が対応する。司法書士・弁護士・行政書士の連携により、今後も地域の住民や企業からなくてはならない相談窓口として成長していくに違いない。「遠い未来を見据えるより、目の前に全力投球です」と澤井代表。端正な顔立ちとユーモア溢れる人柄がとても印象的だった。

PROFILE

澤井　修司（さわい・しゅうじ）

昭和58年生まれ。群馬県出身。埼玉県立松山高校卒。早稲田大学政経学部卒。大学在学中に司法書士試験、行政書士試験、宅建等取得。東京都内の司法書士行政書士事務所に勤務し、在学中より実務経験を積む。2008年に独立し、あす綜合法務事務所を開設。当時開業司法書士として埼玉司法書士会最年少。秩父商工会議所、深谷青年会議所など、地域の各種30以上の団体に所属。セミナー講師実績多数。

INFORMATION

司法書士・行政書士法人 あす綜合法務事務所

https://www.ash-office.com/

所在地

〈秩父OFFICE〉
〒368-0046 埼玉県秩父市宮側町14-10　2F
TEL　0494-26-5522　FAX　0494-26-5523

アクセス

秩父駅より徒歩5分
国道299号武蔵野銀行秩父支店並び

所在地

〈深谷・熊谷OFFICE〉
〒366-0041　埼玉県深谷市東方3308-1
TEL　048-501-8778　FAX　048-501-8208

アクセス

籠原駅より徒歩15分
軽自動車検査協会熊谷支所向かい

設　立

平成20年

業務内容

遺産相続手続き、遺言書作成・遺言執行、不動産登記、商業登記、自動車登録・車庫証明、建設業・運送業等の許認可、借金問題、成年後見申立て、その他身近な法律相談

経営理念

5つの「あす」
あなたの暮らしのすぐそばに
「with us」私たちと主に
「attentive service」
思いやりのあるサービス
「あなたらしい明日へ、あたらしい明日へ」
earth「社会貢献」

モットー

「きどう（喜働）・きどう（気働）・ちどう（知働）」

喜働…お客様に喜んでいただく仕事をする。明るく朗らかに自ら進んで喜んで働くと、結果としてお客様が喜んでくれる。

気働…気を働かせ、笑顔で、おもてなしの心をもって業務を実践する。身体はひとつしかないが、気はいくらでも働かせることができる。成長の余地がまだまだあるのが気働。

知働…知恵を働かせる。我々は専門家事務所です。学ぶことに向き合い、蓄えた知識をお客様のために働かせる。

豊富な知識と実績で遺産相続問題をワンストップで解決する

法務・税務の両面から
円満相続に導く
スペシャリスト集団

入江・置田法律事務所
代表　弁護士
置田　浩之

一生に一度の大事業である相続を
成功に導くため、私たちはあらゆる知識と経験を
駆使して、全力でサポートします

「仲の良かった家族が遺産相続を巡って骨肉の争いを繰り広げる」

こうした悲劇はTVドラマの世界だけでなく、現実社会において誰の身にも降りかかる可能性を秘めている。大切な親族を亡くした時、相続人は精神的なショックを抱えたまま、役所に各種の届け出や名義変更、相続税申告などの税務手続き、相続財産調査や遺産分割協議など、膨大で煩雑な法的手続きを一定の期日までに行わなければならない。

それに加えて遺産相続が親族間の争いごとにまで発展した場合、受ける心理的負担は計り知れないものとなる。こうした複雑で難解な法律問題を解決に導くスペシャリストとして、依頼者から絶大な信頼を集めているのが、大阪市阿倍野区に事務所を構える入江・置田法律事務所だ。

弁護士事務所として、交通事故や離婚問題、債権回収など幅広い法律問題を手掛けているが、中でも相続・遺産分割問題は年間相談件数が100件を超える豊富な実績を誇り、優れたサポート力には高い定評を持つ。代表を務める置田浩之弁護士は、「すべての人にとって相続は一生に一度の大事業です。その大事業を成功に導くため、私たちはあらゆる知識と経験を駆使して、全力でサポートします」と力強く語る。

幼い頃に体験した遺産相続問題が弁護士を目指す原点に

相続問題を未然に防ぐための「生前シミュレーション」

遺産相続問題に力を入れている置田弁護士だが、きっかけとなったのが幼いころ、親族の間で起きた遺産相続を目の当たりにしたことだった。

天王寺駅、阿倍野駅から徒歩３分という
交通至便な場所にある入江・置田法律事務所

「幼いながらも、それまで仲の良かった親族がピリピリとした異様な雰囲気になり、これは大変だと大きな衝撃を受けました」

長じて大学で法律を学ぶようになった置田弁護士は、「あの時親族がもっと法律に通じていれば、相続争いを最小限にとどめることができたかもしれない。あるいは相続争い自体を避けることができたのではないだろうか」との思いを強く抱くようになった。

「相続問題は対策を誤るとこれまでの人間関係を破綻させ、また多額の相続税を支払えずに破産に追い込まれるなど、取返しのつかない事態を招く結果となります」と語る。

こういった悲劇を防ぐために、置田弁護士はまず法律の専門家に相談しながら、早めの対策をしてほしいと訴える。

「一番良いのは資産を受け継がせる被相続人が、私たちのような弁護士とともに、生前からシミュレーションを行って遺言書を作成しておくことです」

遺産相続問題の最善の方策は遺言書の作成

遺言書作成から遺言執行までトータルにサポート

遺言書を作成しておくことのメリットについて、置田弁護士は次の2点をあげる。一つは、自らの相続財産をすべて記載することで、残された相続人に相続調査をする負担を取り除くことができる。被相続人が遺言書を残さずに亡くなった場合に一番困るのは、どこにどんな財産があるのかを把握できず調査が難航することだ。しかし、遺言書が作成されていれば、そのような煩わしさは一切なくなる。

二つ目のメリットは、自分の希望する分割方法をあらかじめ定めておくことができ、相続人同士の〝骨肉の争い〟を未然に防ぐことができる。

「ほとんどの相続問題は、相続人同士の遺産分割方法をめぐっての意見の対立から発生します。被相続人が、『どの遺産を誰にどのように取得させるか』という道筋をしっかりとつけておけば、遺産分割協議も不要になり、親族間での醜い争いを避けることができます」と置田弁護士は強調する。

また遺産相続で重要なことは、相続開始から10カ月以内に相続税の申告と納付を終えなければならないという決まりがあり、手続きにスピード感が求められる点だ。

「10カ月以内に遺産分割が完了していなければ、配偶者の税額軽減、小規模宅地等についての課税減額の特例といった相続税を大幅に減額できる規定が適用できなくなります。相続税負担を軽減するという意味でも、生前にしっかりとした遺言書を作成しておくことが肝要です」

遺言書は、大きく「自筆証書遺言」と「公正証書遺言」に分けられる。「自筆証書遺言」は手軽に作成できる反面、トラブルが多いのが難点だという。

「例えばすべての書面に自筆署名と押印がなければ無効になったり、作成者の遺言能力に対する疑義、または保管場所が不明だったり、偽造の可能性などの問題点があげられます。こうしたトラブルにならないためには、遺言書に相続問題などに詳しい弁護士を遺言執行者に指定することをお薦めします」と置田弁護士。入江・置田法律事務所では、遺言書の作成から遺言執行まで、相続に関するすべてのサポートに対応している。

法務・税務の両面から迅速にサポートできるのが最大の強み

相続紛争案件の豊富な解決実績で依頼者から高い評価

相続業務を扱う上で必ず直面するのが税の問題。一般に税務の専門家は税理士だが、病院に内科や外科があるように税理士にも専門分野がある。企業の法人税の業務経験はあっても、相続税を扱ったことがない税理士も少なくない。こうした中で税理士の資格を持つ置田弁護士は、相続税申告の豊富な実績を持ち、相続税対策に悩む依頼者にとって頼りになる存在となっている。

相続人にとって、一番の悩みの種は高額な相続税の支払にいかに対処するかということだ。置田弁護士は相続財産の組み換えや、生前贈与、生命保険の活用など、あらゆる法務の知識を駆使して多くのクライアントを減税に導いてきた実績を持つ。

「相続税は生前の準備次第で大幅に節税ができます。しっかりシミュレーションを行って対策を講じていくことが大切です」

また、遺産分割協議をめぐる交渉事件、遺産分割調停、遺留分減殺請求訴訟などに関しても豊富な実績を持つ入江・置田法律事務所は、紛争訴訟になった場合でも安心して任せることができる。

「通常なら遺産分割協議は弁護士に、相続申告は税理士が担当することになります。しかし私たちの事務所では、代理人弁護士として業務を遂行しつつ、相続税申告書の作成も同時進行で進めることができます。さまざまなニーズにワンストップで、迅速に対応できるのが私たちの事務所の最大の強みです。相続問題をはじめとしたトラブルでお困りの方は是非お気軽にご相談下さい」と呼びかける。

日本経済をベーシックに支える中小企業の事業承継に注力

「企業経営の円滑な相続を通して日本の発展に貢献したい」

相談者の言い分や思いを受け止め
柔軟に対応することを心掛ける

日本の企業の99・7％を占める中小企業は、日本経済をベーシックに支える重要な存在だ。中小企業の動向が日本経済の浮沈を占う鍵を握ると言っても過言ではない。そうした中、置田弁護士は今、個人の遺産相続問題とともに、会社経営を引き継ぐ事業承継にも力を注いでいる。

「事業を営んでいる経営者にとって、遺言や相続は個人の問題だけではなく、次の世代に事業をスムーズに引き継ぐことができるかどうかという事業承継の問題でもあります」

事業承継問題は、社内体制の整備や自社株の対策など、時間をかけて取り組む必要のあるものばかりで、一朝一夕にはできない。跡を継がせたくても人材がいないという後継者不足の問題も深刻で、置田弁護士は個人の相続問題と同じように、事業承継でも早めの対策をとることを勧める。

「経営者がお元気なうちに、事業承継の対策をとっておくことをお勧めします。最近では後継者になる担い手がいないため、親族内継承から、M&Aなど第3者による事業承継の形態も増えてきています。いずれにせよ、しっかりとした準備期間を設けて対応していくことが大切です」

中小企業主の事業承継は、今後の日本の国力の根幹に関わる重要な問題だ。かつて日本はモノづくり大国といわれてきたが、日本の中小企業には世界を凌駕するような優れた技術を持つところも多く存在する。それが後継者不足や人材難で廃業に追い込まれることは、日本経済にとって大きな損失となる。「従業員の雇用を守るという意味でも、代を継いで中小企業経営を支えることは、日本を守ることにつながるのです」

事業承継には民法のみならず、会社法や税法関係、マネージメントのノウハウなど幅広い、オールマイティな知識を要する。「大変な面もありますが、その分やりがいも大きい」と置田弁護士。「企業経営の相続というのは、創業者がこれまで生きてきた証そのものです。その重みを受けとめながら、今後も事業承継を通じて活力ある日本の発展に貢献していきたい」と、瞳を輝かせる。

法律家と政治家の視点からさらに知見と見識を広める

「弁護士の使命は依頼者の希望を少しでも反映させた結果を導くこと」

弁護士としてアグレッシブに活躍する置田弁護士だが、一方で大阪府議会議員としての顔も併せ持つ、異色のキャリアの持ち主だ。

「私が務めていた弁護士事務所の先生が議員をされており、そのご縁で私も政治の世界に関わりをもつようになりました」

司法と政治は一見すると異分野にみえるが、弁護士と政治家には共通点があると置田弁護士は言う。いずれも「国民の生命と財産を守る」ために重要な役割を担う公益性の高い職業だという点だ。

「私が力を入れて取り組む事業承継も弁護士としてできることと、政治家としてできることに違いはありますが、使命は同じです。二つの立場の視点をもつことで、それぞれの仕事の知見や見識がさらに広がったと感じます」

法律家と政治家の二束のわらじを履き、文字どおり八面六臂の活躍ぶりで多忙を極める置田弁護士だが、「入江貴之弁護士と平成28年に開業した入江・置田法律事務所は、現在弁護士5名、スタッフ4名の計9名体制です。いずれは法人化して東京にも支店を設けたい」と抱負を語る。

コロナ禍の影響で、リモートワークやオンライン会議などが急速に普及する今日、今までのように東京の一極集中がなくなり、地方との格差は是正されつつあると言われている。しかしまだまだ東京のマーケットは大きく、GDPの約2割、国税収入の約4割、株式取引高の約9割を東京が占めている。

「東京という新たなフィールドで挑戦すると同時に、今まで力を入れてきた相続をはじめ、交通事故や債務整理など幅広い業務を扱っていきます。一人ひとりがそれぞれの分野で専門性を高め、スペシャリストして輝けるように弛まぬ研鑽を積んでいきたいと思います」

まっすぐに未来を見据える置田弁護士。そんな彼が、普段クライアントと接するうえで最も大切にしていることは、「気持ちに寄り添う」ことだという。

「ご相談に来られる方は様々な悩みや不安を抱えて、何とかしてほしいと、切羽つまった気持ちで

弁護士５人の体制で相続をはじめ様々なニーズに対応する

お見えになられます。まずは、その方の思いや言い分をしっかりと受け止めて柔軟に対処していくことを心がけています」

相続問題で言えば、親族間の主張が複雑に絡みあうため一筋縄ではいかないことも多い。そのため依頼者の言い分が法的に１００％通ることが難しい場合もあるが、そんな時でも「それは無理ですよ」と最初から否定するようなことはしない。

「弁護士の使命は依頼者の希望を少しでも反映させた結果を導くことです。どんなことがあっても最後まで依頼者の心に寄り添う姿勢を忘れないようにしています」

「遺産相続問題」を親族が揉める悲しい「争族問題」にしてはならない。幼いころに体験したその思いを原動力に、置田弁護士は誠実に真摯に依頼者に向き合っていく。

PROFILE

置田　浩之（おきた・ひろゆき）

昭和 52 生まれ。大阪市出身。
平成 13 年東京大学法学部卒業。東京大学大学院法学政治学研究所修了。
東京都内の銀行勤務（企業融資担当）を経て同 20 年 3 月大阪大学法科大学院修了。同年 9 月司法試験合格。同 22 年 1 月弁護士登録。
平成 27 年 12 月　入江・置田法律事務所開設。大阪府議会議員（2 期目）。

INFORMATION

入江・置田法律事務所

https://www.irieokita-law.com/
（相続専門サイト　https://osaka-isanbunkatsu.net）

所 在 地

〒 545-0051　大阪市阿倍野区旭町 1-2-7
あべのメディックスビル 411
TEL　06-6556-7846　FAX　06-6556-7847

アクセス

JR 天王寺駅、大阪メトロ天王寺駅、近鉄阿倍野駅から
徒歩 3 分

設　　立

平成 27 年 12 月

業務内容

遺言・相続・事業承継、不動産問題・債権回収、交通事故問題、離婚問題、債務整理・法人破産、契約書チェック、労働問題、刑事事件

ビジョン

依頼者第一をモットーに、各弁護士がそれぞれの専門領域も持ちつつも、町弁として他の分野にも対応することで、多くの方の役に立つ法律事務所を目指しています。

チーム力を生かし、きめ細かいニーズに対応して地域に貢献

地域の「経営」と「人生」を力強くサポートする

イワサキ経営グループ
株式会社イワサキ経営

代表取締役社長
吉川 正明

取締役兼税理士
小宮山 麗子

ワンストップで相続を専門特化しているので、
顧客にとって求めている以上の結果を
提供できる自信があります

イワサキ経営グループは静岡県沼津を拠点に50年近い歴史を持つ税理士事務所がルーツだ。現在は多くのグループ企業を擁し、相続や事業承継を中心に強みを発揮し、チームワークで幅広い分野の案件に取り組んでいる。

「静岡という地域に密着し、地域の皆様から頼りにされる存在であり続けたい」と語るのは、「社員第一」、「顧客満足」、「地域貢献」を経営理念に、スタッフ総勢110人の専門家集団を率いる株式会社イワサキ経営の吉川正明社長だ。先代の岩﨑一雄現会長から入社10年目の平成18年に後継指名を受け、同25年に40歳で社長に就任した。社長就任当初は不安もあったが、岩﨑会長から「中小企業をアドバイスする立場の人間が『経営』に携わっていなくては、とても他社の指導などできない」と言われ、経営者としてグループを率いることを決意したという。

イワサキ経営グループはワンストップであらゆる問題に的確に対応できるシステムが大きな強みで、とくに相続分野で専門特化した案件処理では定評がある。とりわけイワサキ経営グループとして傘下各社の会社の横の連携によって、チーム力を遺憾なく発揮し、様々な顧客の要望にきめ細かい対応力、適応力が大きな強みでありまた魅力でもある。

ワンストップであらゆる問題に迅速、的確に対応
入社10年目で後継指名を受け、40歳で社長に就任

吉川社長は、入社10年目で33歳の自分が全社員出席の経営計画発表会の時に、岩﨑会長から突然後継者に指名されたことを昨日のことのように鮮明に思い出すという。吉川社長は、

イワサキ経営グループ
株式会社イワサキ経営

静岡県沼津市にあるイワサキ経営グループ社屋

当時まだ小さな部門だった相続分野の担当として実務経験を積んでいた。

「岩﨑会長がなぜ私を後継者に選んだのか、正直その理由は分かりません」という吉川社長だが、「社内で少数派だった部門から敢えて次の後継者を選んだのかもしれません」と振り返る。

専務を経て平成25年40歳で社長に就任。相続担当からいきなり会社全体をマネージメントする立場になった。最初は戸惑いも多かったという。

「社内外で声望の高い岩﨑会長が選んだ人物ということで、就任当初は温かく受け入れてくれましたが、先輩を差し置いて一足飛びにトップに躍り出たということで、『本当に経営を任せられるのか』と周囲は心配したことだと思います」と当時を振り返る。

その後は、「社外の先生方からも、税理士資格があるかないか、どれだけキャリアを積んだかということではなく、経営に徹して果敢に采配を振るう人材こそが経営を継承すべきだ、と励ましていただきました。やがて自分自身何とかやっていけるのではと前向きに考え、徐々に自信と手ごたえを感じるようになりました」吉川社長は企業の経営を支えるときは、経営者や社員、その家族の生活の事まで考えなければならないと強調する。

「個人の人生の悩みには、二人三脚で最善の策を見つけていきます」という言葉には、自ら活路を切り開いてきた実績に裏打ちされた重みがある。

相続手続の専門部署として「相続手続き支援センター」を創設

相続手続には特に依頼者とのコミュニケーションが必要

イワサキ経営グループは相続手続きを含む事業承継で約600件、相続税申告数は年間で約150件を数える豊富な実績があり、力を入れている同グループの得意分野である。

『100人いれば100通りある』と言われる相続手続だが、案件の処理には豊富な経験がものを言う。一般には事務所の所長やベテランスタッフが担当するケースが多い。平成15年にイワサキ経営グループは相続の専門の部署として「相続手続支援センター」を創設した。当時こうした専門部署の設置は非常に斬新な試みだった。

「相続手続はほかの案件とは業務のサイクルが異なるので兼任が難しく、何より経験が必要とされます。そこで単独の部署で専門的に扱えるよう組織を整えました。当時からかなりの相続税申告を扱っていましたが、基礎控除が下がるという見通しも、サラリーマンなど新規顧客の開拓ができるのではという期待もありました」時代のニーズに応えた「相続手続支援センター」は、その後イワサキ経営グループを支え、発展の大きな一翼を担っている。

「相続手続にはとくに依頼者とのコミュニケーションが必要ですが、業務に習熟すればとくに専門

イワサキ経営グループ
株式会社イワサキ経営

的な税務知識が無くても対応することができます。年間約400件の相続手続きの業務を新たな顧客開拓を目指して特化し、業務の専門化を推し進めています」と胸を張る。経験がものを言う相続手続では、家族構成や家庭環境が異なる依頼者とのコミュニケーションの確立に最も心を砕くという。

「印象に残っているのは、申告期限3日前に依頼された納税額1億円を超える案件があります。3人で手分けして3日で処理しましたが、必死の作業でした」と吉川社長。

相続人の調査をしていく中で遺族も知らない相続人が見つかることもよくあるという。夫が初婚ではなく再婚で、しかも先妻との間で子供がいたのを全く妻が知らない場合、その事実を伝えた瞬間に依頼者である妻の顔色が悲しみから怒りに変わったというケースも経験した。

また、兄弟や子供も多く、気が付いたら相続人が30人くらいになっていたこともあったという。顔も合わせたことのないような人が突然、相続人になることがあり、「人間というものは、自分がいざ相続できるとなると欲が出てくるものです。その辺りの対処が難しいですね」としみじみ語る。

定期的にセミナーを開催し新規の顧客開拓に取り組む

中小企業経営のデジタル化推進に注力する

イワサキ経営グループが扱う業務の中には、地主とのパイプを持つハウスメーカーなどから依頼人を紹介してもらうことも多いという。依頼者の多くは、相続手続が必要になったため、一度専門家に相談したいと思い立って訪れるケースも多い。イワサキ経営グループは独自の取り組みとして定期的にセミナーを開催している、依頼者が相談に訪れるきっかけになる場合が少なくない。

イワサキ経営グループの小宮山麗子取締役兼税理士は、「確定申告を通じて長くお付き合いを続けている依頼人が多いですが、セミナーに参加して話を聞き、興味を持って相談して下さる方もおられます。また新規に生前対策として顧問契約いただくこともあります」と語る。

また、「最近、静岡で農協と一緒にセミナーを開いたのですが、その参加者から『興味があるから相談に乗ってほしい』と依頼されました。予期せぬ方面から頼まれると嬉しいものです」

セミナーは顧客との接点の「きっかけ」をつくるために開催しているが、セミナー出席者からは、「イワサキ経営グループは相続に強い」と専らの評判だ。

吉川社長は対外的な活動にも精力的に取り組んでいる。令和3年4月に日本商工会議所青年部会長に就任したが、政府が推進する「デジタルの日検討委員」でもある。将来を見据えて、顧客である中小企業経営のデジタル化が急務だという思いから、「デジタルの日」を広くアピールするため、対談やセミナーなどのイベントに積極的に参加している。

「他人と過去は変えられないが、自分と未来は変えられる」

社員が自発的に良い仕事をすることが、会社にも顧客にもベスト

イワサキ経営グループでは独自の人材育成プログラムを導入し、組織のより効率化に向けた整備や環境変化への取り組みに意欲的だ。小宮山取締役は、「人材育成プログラムは、社内のスタッフが全員体験することで、組織としての一体感など共通の認識を持つことができまし

イワサキ経営グループ
株式会社イワサキ経営

活気あふれるオフィス。ワンストップで相続問題を解決

た」とその取り組みの成果を強調する。

吉川社長については、「常に前向きでポジティブなタイプ。全ての事に対して体当たりで臨んでいく人だと思います。チャレンジ精神に旺盛で、時代のトレンドや変化を先取りする形で『自分も変わっていこう』という姿勢が社内の共感を集めています」

こうした前向きでポジティブな吉川社長の座右の銘は、「他人と過去は変えられないが、自分と未来は変えられる」というカナダの精神科医、エリック・バーンが残した言葉だ。吉川社長は、「この言葉に強い感銘を受けました。クライアントにあれこれアドバイスを行っても、本人がその気にならなければ事態は変わりません」としみじみ語る。

自分の子供にも吉川社長は『なぜ勉強しないんだ』と説教することもなくなったという。他人と過去は変えられないが自分と未来は変えられる—というこの言葉に出会って以来、「自身の意識や行動が変わりました。イライラしなくなり、ストレスも感じなくなりましたね」吉川社長が駆け出し時代、職場の上司から自分がやりたいと思うことを自由にやらせてもらった経験も影響しているようだ。

「拘束したり管理したりするより、社員が自発的に良い仕事をすることが、会社にとっても顧客にとってもベストではないでしょうか。自由にやらせてもらえた自身の経験から、そう感じています。何が起こるかわからない先の読めない時代ですから、前向きに考えてみんなで意見を出し合って対処することができる、そういう組織にしていきたいです」と熱く語る。

大切なのは顧客との信頼関係に直結する「誠実さ」

ワンストップで相続を専門特化した地域密着型経営

吉川社長が常日頃心掛けているのが「誠実さ」である。誠実であることは、顧客との信頼関係に直結するだけに常に自身を振り返って身を律している。

「用事がなくても一本電話を入れるとか、ちょっとした気配りを忘れない。依頼人のことをいつも気にしている姿勢です。これがトラブルに見舞われるなどいざという時に生きてきます」と吉川社長。

「私たちは常時何百件という案件に携わっていますが、お客さんにとってはその一つひとつが一生に一度の大ごとです。何百分の1の仕事ではなく、それぞれが大切な人生をかけた仕事であると心掛けなければなりません」

案件処理を巡って短い付き合いだったにもかかわらず、何年も忘れずずっと感謝してくれる依頼者がいるそうだ。「嬉しいですね。ありがたいことです」という吉川社長だが、それは誠実さの賜物だ。この「誠実さ」は、信頼を前提とした人づきあいが大きな要素になる相談業務には必要不可欠だと吉川社長は強調してやまない。

イワサキ経営グループ
株式会社イワサキ経営

イワサキ経営グループスタッフ一同

「私たちの仕事は、人が商品です。目に見える物を売る訳ではありません。スタッフが持っている知識や情報を提供する業務です。チームでも対応しますが、個人と個人の信頼関係が何より大事だと考えます」

イワサキ経営グループは基本的に地域密着型経営だ。静岡一円と関東の一部が主な業務範囲である。

「ワンストップで相続を専門特化しているので、顧客にとって求めている以上の結果を提供できる自信があります。どんな大手でも静岡県だけには進出できない、それくらい地元に密着した業務を続けたい」と吉川社長は意気込みを語る。

小宮山取締役も「イワサキ経営グループはチームで経営しているので、色々な知恵を集めて最善の提案ができます。宅地建物取引士の資格を取得しているスタッフ、優れたベテランスタッフ、必要に応じて助言する金融機関や税務署のOBなど、幅広い人材を抱えている点が一番の強みだと思います。グループ一丸となって業務に取り組んでいるので、大きな組織にありがちなセクショナリズムや上から目線の対応はありません。安心して相談していただきたいと思います」と親しみを込めて呼びかける。

PROFILE

吉川　正明（よしかわ・まさあき）

昭和48年生まれ。静岡県出身。流通経済大学卒業後、平成８年にイワサキ経営グループに入社。入社５年目には個人売上で全社１位を達成。入社10年目の平成18年に後継者指名を受け、専務を経て同25年社長に就任。社員満足度日本一のワンストップコンサルティンググループというビジョンを掲げ、サービスの質の向上を追求し続けている。
令和３年４月日本商工会議所青年部会長就任。著書に「“跡継ぎ"がいなくても会社は残せる！　必ずうまくいく従業員承継のススメ」（アチーブメント出版）。

小宮山　麗子（こみやま・れいこ）

大阪府高槻市出身（大阪弁の名残なし）。横浜国立大学経営学部会計学科卒業。
税理士法人イワサキ　社員税理士。
〔得意分野〕事業承継、相続対策、〔趣味〕トレラン、山登り
「所得税、消費税、法人税、相続税、贈与税、複数税目にわたる生涯タックスプランニングの最適化こそ、税理士の仕事です。納税も資産形成も、近視眼は禁物。大切なのはバランスと分散だと信じて研鑽中です」。

INFORMATION

イワサキ経営グループ　株式会社イワサキ経営

https://www.tax-iwasaki.com/

所 在 地

〒410-0022　静岡県沼津市大岡984-1
TEL　055-922-9870　FAX　055-923-9240

アクセス

JR大岡駅下車。徒歩13分。

設　　立

昭和48年

業務内容

税務・会計サービス、相続税申告・相続サービス、経営財務コンサルティング、相続手続支援サービス、FPコンサルティング、総合資産コンサルティング、売上増支援、DX・業務効率化支援、海外活用支援、人材育成支援など。

企業キャッチコピー

経営と、人生と、地域の力になる。

約30年の経験と知識で相続対策・事業承継・終活をサポート

「何がわからないかわからない」と悩む依頼者を導く税理士事務所

A・I税理士法人西条事務所

所長　税理士・行政書士

池田　聖

円滑な相続と家族信託の活用、終活支援、事業承継を応援します

地元広島で40年にわたる税務署での実務経験を生かし開業

開業時からの顧客を誠実にサポートし、地域にしっかり根差す

昨今、「終活」という言葉をよく耳にする。平成22年には「終活」が新語・流行語大賞にノミネートされた。この年は後期高齢者である75歳以上の人口が大きく増加した一方、出生率は1・39にとどまり少子高齢化が顕著に進行していった。

「終活」が流行語になった背景には、少子化や核家族化の影響により親の介護や相続など死後の対応に対して頼れる家族がいない、あるいは経験者がいない世帯が増えたことが挙げられる。さらに高齢化で認知症へのリスクが高まったことも見過ごせない。

人生の終焉に対する意識は高まっているものの、平成29年に日本財団が行った調査によると、実際に相続や遺言について子世代（59歳以下）と話し合えている親世代（60歳以上）は全体の20％弱に留まっている。さらに約3割は「話し合いたいがまだ話し合えていない」という状況にあることがわかった。子世帯は「親との関係を悪化させたくない」と話し合いの提案を遠慮する傾向にあるため、親側からのリードが必須だ。

「相続に関する備えは親の意識がしっかりしているうちでなければできません。『うちの息子・娘たちは仲がいいから大丈夫』という楽観的な考えはよくありません」と指摘するのは、A・I税理士法人西条事務所所長の池田聖税理士だ。

行政書士資格も有する池田所長は、家族信託や事業承継、終活支援、財産診断など幅広い分野で地元・広島県の相続に関わる問題に悩む人々を親身になってサポートしている。

A・I税理士法人西条事務所

東広島市の閑静な住宅街に事務所を置く

「私は元々税理士を目指していたわけではありません。税務署に入ってから仕事を通して職業意識が高まっていきました」こう話す池田所長は昭和53年に税務職員に採用され、広島県や岡山県の税務署で資産税を中心にあらゆる分野の相談・管理の事務を担当した。平成28年に退官しこの年8月に税理士資格を取得。同年9月に東広島市に池田聖税理士事務所を開設した。

「税務署勤務は約40年に及びますが、なかでも27年間相続を専門に担当してきました。財産所有者が存命の間に相続についてきちんと話し合っておかなかったために、大変な状況に追い込まれたケースを数多く見てきました。独立後はそういう状況にある方々を一人でも多く助けたいという思いで税理士事務所を開設しました、今もその思いに変わりはありません」と池田所長。相続税の申告に際しては、「とりあえず目先の税金がかからないようにすればいい」というスタンスで分割協議を行うのではなく、相続後の先々までを考えて対応すべきだと池田所長はアドバイスする。

独立当初は個人事務所で業務を行っていた池田所長だが、案件が次第に増え一人では手が回らなくなってきた。そんな時に税務署時代の後輩から「税理士法人を作りませんか」と相談を受けた。池田所長は後輩に対して、「君が組織の代表を務めるなら」という条件で申し出を受けたという。池田所長が税理士法人の代表を避けた理由は、本店は広島市内に置くことに合意したので従来からある事務所は支所の形態をとらざるを得なかったからだ。

「独立当初から相談に来ていただいたお客様には恩義があります。『組織形態は変わっても、変わらずにここにいるよ』と、伝え引き続き同じ場所でサポートしていきたかったのです」と話す池田所長の顧客本位の姿勢が、今日地元にしっかり根を張った、地域から信頼される事務所を築き上げることができたといえる。

税理士と行政書士の資格を駆使し、多様な切り口で問題を解決

顧客にとってよりベターな解決法を模索し続ける

相続には税金対策をはじめ様々な手続きが必要だが、全く経験したことがないという人が大半ではないだろうか。しかも相談に来る人は大切な家族を失ったばかりで気が動転していたり、強いショックを受けていたりして、落ち着いて対応できないことも珍しくない。

そういう顧客に対してA・I税理士法人西条事務所では相続税の負担軽減対策や遺産分割の方法など、税務の特例対策にも留意しながらわかりやすく説明し、スムーズな手続きを手助けしている。また相続税が発生しない場合でも必要になる戸籍謄本の収集、遺産分割協議書の作成、遺産の名義変更手続きなど様々な手続きが必要で、微に入り細に入り完璧なサポートを行っている。

A・I税理士法人西条事務所への依頼者で最も多いのは相続税に関する相談だ。しかし相続に際しては、税金以外に色んな費用が掛かることを知らない相談者が多いという。

「相続登記をするのに登録免許税と司法書士の費用が必要ですし、申告書も自分で書けばお金はかかりませんが、税理士に頼めば財産の1%程度の手数料がかかります。こうした付帯費用が掛かっ

てくることも承知しておいてください」と池田所長。

また長年の経験から得た幅広い専門知識を生かして相続全般の問題を解決する池田所長だが、行政書士という切り口からも顧客をサポートできる点もA・I税理士法人西条事務所の大きな特長だ。

「行政書士の資格は退官後、平成29年に取得しました。行政書士といっても役所の許可を得るなどの仕事ではなく、税理士資格だけではカバーできない分野にも対応するためです。例えば税理士は遺産分割協議についてアドバイスができませんが行政書士なら可能です」

税理士と行政書士の二つの資格を駆使して柔軟にさまざまな案件に対応する池田代表のモットーは、『すべからく完璧はない』だ。

「人間が関わる相続は物理や数学とは違い、きれいに割り切れる答えばかりではありません。完璧を求めるあまり不都合が生まれることもあります。だからこそ粘り強く話し合い、考え、試行錯誤してよりベターな方法を模索しています」と熱く語る。

池田所長が強く進めるのが「相続シミュレーション」だ。定年を迎えたタイミングで自分は相続税がいくらかかるかというシミュレーションをしてほしいと訴える。

「前もって準備をすることで自分の財産に関する問題点や注意点などがわかります。それを事前に少しでも解決していけば、相続の際にスムーズな遺産分割協議に繋げることができます」と池田所長はアドバイスする。

豊富な経験と深い知識で顧客満足を引き出す

それぞれの家庭に本当に必要な家族信託を提供

豊富な経験で、クライアントをサポートする

認知症を発症すれば法的手続きができなくなる。財産管理に限って言えば、成年後見制度が使われてきました。この制度では認知症になった人の子供や弁護士、司法書士などが後見人となり、財産の管理や、契約の締結を本人に代わって行う。しかし成年後見では後見人の行動はすべて家庭裁判所の監督のもとにあり、全ての判断は家庭裁判所に委ねられています。

また原則的に新たな借金や不動産を購入することなどができず、財産は実質凍結せざるを得ない。これらのデメリットをフォローするために成年後見制度に代わって注目を集めたのが「家族信託」だ。

家族信託は文字通り財産を管理・運用・処分できる権利を家族に委ねる制度で、メリットとして財産管理が委託者（親）の判断能力に左右されない。さらに委託者の思い通りに財産・事業の承継先をあらかじめ決定することができ、成年後見制度より柔軟な取り決めも可能なことが挙げられる。

これらのメリットから家族信託を希望する人は多い。もちろんＡ・Ｉ税理士法人西条事務所でも家族信託に対応しており、池田所長は一般社団法人家族信託普及協会が認定する「家族信託専門士」の資格も取得している。

「相談に来られる人の中には、家族信託をお願いしたいがどうすればいいか、そもそも何を聴けばいいのかわからないとおっしゃる方もいます。そんな場合は『どんなことが心配ですか？』と聞くようにしています。ある意味、カウンセリングのようなものかなと思います」

相続を専門とする池田所長は、「家族信託で対応すべきケースなのか、そうではないケースなのかをしっかり見極めることが重要です」と強調する。

「しっかりした後継者がいてバックアップの体制が整っている方なら遺言だけでも大丈夫です。やみくもに家族信託を勧めることはしません。本当にその必要があるのかを判断した上で、最適なプランをお勧めするのがプロです」と言い切る。

実際、A・I税理士法人西条事務所の顧客には、金融機関主導で設定した家族信託の内容が理解できず助けを求めてきた人もいる。

「内容を見せていただくと、金融機関の回収ありきの家族信託でした。後継者として『受託者が亡くなったら後継受託者はその配偶者』と指定されていたのですが、それでは相続で遺贈を受けるのと同じ結果になり、相続税の計算をすると税額が二割増しになってしまいます。そのまま相続が開始していたら受託者が大きな不利益を被るところでした」と池田代表は憤る。

本当に家族信託は制度と税制に詳しい専門家に依頼することが、後々納得できる家族信託への第一歩だとわかるエピソードだ。

国の支援策や各制度を最大限に生かした対策を提案

60歳代、70歳代からの終活支援も実施

中小企業の事業承継では、国の事業承継支援策を最大限に活用することがスムーズな事業承継の実現に繋がる。平成30年度税制改正において、事業承継時の贈与税・相続税の納税を猶予する事業承継税制が大きく改正され、10年間限定の特例措置も設けられている。

「私たちの事務所は組織改編後日が浅く、必要とする資格もまだ足りないところがあります。徐々に充実させ中小企業の支援にも力を注いでいきたいと考えております。どうか安心してお任せください」と池田所長は胸を張る。A・I税理士法人西条事務所では業務の一環として積極的に終活支援を行っている。「判断能力がしっかりあるうちに、ご自身の人生の終焉の迎え方について、クライアントお一人おひとりに合った準備の仕方を一緒に考えます。今の60代、70代の方はまだまだお元気ですが、判断能力があるうちに一度ご自身の状況を把握して、残りの人生を満足できるものになるように懸念事項を一つでも多く取り除き、納得できる人生を送っていただければと思います」

東広島市の他士業と連携を強めてワンストップサービスを展開

「自分はどうしたいのか」との明確な意思を持って相談してほしい

事務所の開業から5年が経ち、経営者としての経験とスキルが身についてきたと話す池田所長。直近の目標は東広島で開業している他の士業とのネットワークをより強固なものにしていくことだ。それによって税理士だけでは解決が難しい相談に対しては、士業のチームを結成して、窓口となった士業を中心にワンストップで対応する。

「相続に関する悩みがあっても、一般の方にしてみればどの士業に何を聞けばいいのかが分からな

可愛らしい看板で、
クライアントを出迎えてくれる

いのではないかと思います。税理士というと税に関する申告書の作成というイメージが強く、それ以外は関係ないと思われるかもしれません。しかし士業はたいてい横の繋がりをもってチームのような動きをします。まずは目についた士業にご相談いただくことをお勧めします」と語る池田所長は、士業連携について、特に司法書士との関係強化に力を置いている。

「令和6年以降は相続登記が義務化されます。相続登記の案件は司法書士のところに集まるので、司法書士との連携が密になれば仕事の幅が広がります」

こう語る池田所長は、相続のことについて自分にはまだ関係ないと考えている親世代の方に強く語りかける。

「相続について自分はどうしたいのか、何を求めているのかを理解して、ご自身で方針を設けていただきたいと思います。そうすれば満足できる時間を過ごしていただけるのではないでしょうか。何もせずに亡くなってしまうと、残されたご家族が〝争族〟になる恐れがあります。自分はこうしてもらいたいのだという確固とした意思をもって、自分の相続は自分で方針を決めて次代に伝えるくらいのスタンスで相談をしていただければ嬉しいです」

資産税に関して同業者の追随を許さない強みをもつ池田所長の挑戦はまだまだ続く。

PROFILE

池　田　　聖（いけだ・ひじり）

昭和53年4月、普通科38期生として税務職員に採用される。

昭和54年に広島県内の税務署を振り出しに主に中国地方の瀬戸内沿いの税務署に勤務、以後平成19年まで資産税事務の調査・指導・評価の各事務を担当。

平成20年に広島市内の税務署に管理徴収担当職員として配置、翌21年に広島市内の税務署に管理運営担当職員として配置され、以後、平成28年7月まで資産税を中心にあらゆる分野の相談・管理の各事務を担当。

平成28年、広島県西部の税務署を最後に辞職。同年8月に税理士登録、翌9月に池田聖税理士事務所を開設。令和3年7月税理士法人となる。

税理士。行政書士。

家族信託専門士（一般社団法人家族信託普及協会）。

終活ガイド上級（一般社団法人終活協議会）。

INFORMATION

A・I税理士法人西条事務所

https://officehijiri.tkcnf.com/

所在地

〒739-0144 広島県東広島市八本松南7丁目7番6号
TEL 082-428-4839　FAX 082-512-0581
Mail officehijiri@tkcnf.or.jp

アクセス

JR八本松駅より南に約2.2キロメートル、タクシー利用

設　立

平成28年9月

業務内容

相続対策、財産診断、事業承継、終活支援、家族信託の活用、他一般税理士業務

経営理念

租税正義の実現と顧問先の皆様の健全な発展と安寧の為、前向きにそして積極的にその持てる全精力を注いで、誇りと希望の持てる会計事務所となれるよう日々努力しています。

奈良県と大阪府を拠点に関西エリアで確かな存在感を放つ税理士法人

企業経営と相続問題を力強くサポート

税理士法人ＳＢＬ

代表　税理士

八木　正宣

相続に伴うリスクを回避するために生前対策は重要ですし、その内容は複雑で難解な場合が多いですので、必ず専門家を頼って欲しい

奈良県と大阪府の2つに拠点を構える税理士法人SBL。同法人は、企業経営を支えるビジネスサポートと、個人のあらゆる相続問題を手掛けるライフサポートの2つを業務の柱として、今現在多くの法人・個人のクライアントを抱えるなど、多方面から絶大な信頼を集めている。

法人代表を務めるのは税理士の八木正宣氏。自宅の一画でクライアント0からスタートした事務所を、わずか十数年の間に関西エリアで確かな存在感を放つ法人事務所に成長させるなど、優れた経営手腕をもつ独創の士業家だ。「周りの方々に支えてもらいながら、地道にコツコツ努力してきた結果が今。まだまだ通過点ですので、今後も永続的にお客様をサポートできるよう、サービスのクオリティを高めていきたいと考えています」

こう力強く話す八木代表に、これまでのキャリアや現状、今後の展望まで幅広くお話を伺った。

税理士として働く先輩の姿に憧れ士業家の道を志す

資格取得のために仕事を辞めて勉強に専念

「私が税理士の職業を初めて知ったのは大学卒業後に勤務した会計事務所。入所したての頃は自分が将来税理士になるなんて考えもしていませんでした」

こう話す八木代表が税理士という職業に惹かれたきっかけは先輩の働く姿だった。「税理士として活躍する先輩税理士の姿を見て、『これだ!』と思いました」

こうして税理士の道を目指す決意を固めた八木代表は、勤めていた会計事務所を2年で辞め、2年4カ月という期間を決めて、資格の勉強に専念することに。八木代表は「この期間はある意味貴

「もっと気軽に相談に来て頂ける環境を整えないといけない」と話す八木代表

重でした」と述懐する。「周りはバリバリ社会に出て活躍している中、私は仕事もせず、勉強のためとはいえ、引きこもりのような生活でした。絶対に試験に受からなければという今まで感じたことのないプレッシャーが常にありましたね」

プレッシャーを力に変え、八木代表は来る日も来る日も勉強を重ねた。「高みを目指して、試験に出る可能性があるものは全て徹底的に勉強しました」

さらに「自分に合うものを」と筆記用具にこだわってペンを自作したり、試験の2週間前から集中力を高めるため耳栓をつけて生活するなど、受かるためにできることは何でも取り組んだ。こうして万全の状態で臨んだ税理士試験だったが、資格を得るために必要な5科目のうち1科目を残してしまった。

「この試験勉強の期間を通して、物事を突き詰める姿勢がより磨かれました。万全と思っていても、試験時間中まばたきすることを忘れるぐらいの緊張感の中、失敗することもあります。不合格だったことに崖から突き落とされるようなショックがありましたが、人生は続きます。順調に合格するよりも、少し遠回りすることによって、その経験がより意味を持つものになりました。その後の事務所経営において、スタッフの資格取得を支援する体制を整備するきっかけにもなりました」

失敗を成長の糧と考え、すぐに前を向いた八木代表は、受験専念期間に終わりを告げ、会計事務所に就職してすぐに仕事に没頭した。今度は仕事をしながら勉強を続け、翌年の税理士試験で残り

1科目を合格。当初の計画から1年遅れたが、税理士の資格を取得した。

税理士として製造業の会社で上場サポート
2004年に独立して八木会計事務所を開設

資格取得後、税理士としての力量の幅を広げるために会計事務所を離れて、大阪にある株式公開の準備をしている製造業の会社に転職した。ここでは、会社の一員として多忙ながらも充実した日々を送っていたが、いつしか独立願望を募らせていく。

「会社では経営の重要なポストを任せて頂けるなど、仕事はやりがいもあり楽しかったのですが、一方で会社や上司の方針と私のやりたい方向性にずれが出てきてしまいまして…」

自分の理想を叶えるため、思い切って独立を決めた八木代表は、4年勤めた会社を円満退職し、奈良県天理市の自宅で八木会計事務所を立ち上げた。「会社を退職するときに、社長が声をかけて下さり、会社の税務顧問をさせて頂けることになりました。『八木の第1号の顧客になってやる』といわれて。本当にありがたかったですね」と懐かしく当時を振り返る。とはいえ独立当時、仕事が次から次と舞い込むわけでもなく、大阪で勤めていた頃の目の回るような忙しさとは一転して、八木代表は時間を持て余していた。そしてこの空いた時間に力を入れて取り組んだのが「子育て」だった。「ちょうど独立した年に一人目が生まれ、二年目に二人目が生まれました。それまで仕事を通じた達成感を得ることに執着していた私でしたが、家庭にもウエイトを置いて生活をするようになったのです」。こうした生活を通して八木代表は「家族と一緒に過ごすことで得られる幸福感に気づきました」という。

新聞　（第3種郵便物認可）

県社員・シャイン職場づくり推進企業

総合　税理士事務所ＳＢＬを表彰

仕事と家庭の両立推進部門　社会福祉法人　太樹会

若年者雇用推進部門　社会福祉法人　うねび会

県は22日、仕事と生活の調和がとれた良質の雇用環境整備に取り組む企業「県社員・シャイン職場づくり推進企業」（178社）の登録企業の中で、特に優れた企業をたたえる本年度の表彰式を、県庁で行った。総合をはじめ、仕事と家庭の両立推進、若年者雇用推進両部門で各1社計3社を表彰した。

荒井知事から表彰状を受け取った税理士事務所ＳＢＬの八木代表（右から2人目）、太樹会の植嶋理事長（同4人目）、うねび会の日下施設長（左端）＝22日、奈良市登大路町の県庁

同表彰は、取り組み内容を広報し、県内に働きやすい職場を広げていく目的で平成19年度から実施。今回で11回目になる。

表彰されたのは、総合が税理士事務所ＳＢＬ（奈良市、八木正宣代表）、仕事と家庭の両立推進部門が社会福祉法人太樹会（大和高田市、植嶋宏信理事長）、若年者雇用推進部門が社会福祉法人うねび会（橿原市、酒井宏和理事長）。

このうち総合の税理士事務所ＳＢＬは、有給休暇を最大100日まで積み立てできて病気休暇、育児・介護などに利用できる点や育児、介護を理由とした退職者の再雇用制度があることなどが評価された。

表彰式では荒井正吾知事が各企業に表彰状を授与。「他社のモデルとして、今後もさらにグレードアップしてほしい」との要請を込めてあいさつした。

奈良信金

電子看板を寄贈

JR郡山駅に設置　観光情報など発信

奈良信用金庫（大和郡山市、川井喜樹理事長）は20日、同市にデジタルサイネージ（電子看板）を寄贈した。同市高田町のJR郡山駅に設置し、市のイベントや観光の情報などを発信していく。

寄贈されたのは55V型（幅123ｾﾝﾁ、高さ71ｾﾝﾁ）のインフォメーションディスプレー。同駅前通路に設置された。放映内容は市役所の金魚水槽の管理などを行う若手職員のグループ「ザ・チームきんとっと」が担当し、随時更新。現在は、25日からの「大和郡山お城まつり」の情報などを伝えている。

寄贈式は、同市高田町の市民交流館で実施。

良質な雇用環境整備に取り組む企業として
奈良県から表彰も受けた

「独立当時の体験から、私の価値観は変わり、その後、事務所としてもワークライフバランスを推進するスタイルが確立されました。今も、弊所には家事や育児、資格取得のための勉強を両立させて活躍しているスタッフが何名も在籍しています」

独立から2年、3年と経過していく中、クライアントにワンストップのサービスを提供できる奈良士業ネットワークLLPを仲間とともに設立するなど、人脈を広げ、それを仕事の拡大へと繋げた。こうして順調に事務所運営を続けていた八木代表だったが、2008年に大きなターニングポイントを迎える。

仕事の増加に伴い自宅事務所から駅前テナントビルへ移転

「〝七転び八起き〟の精神で事務所運営を続けていきたい」

「開業から4年が経ち、順調にお客様の数は増えていましたが、これ以上お客様が増えると私一人では対応しきれないといった状況になりました」

このまま自宅事務所でいくか、スタッフを雇用して拡大路線でいくか。思案した結果、八木代表は拡大路線を選択する。「拡大すればもっと多くのお客様の力になれますし、万一私が病気や事故で動けなくなっても他のスタッフが対応できますから」

こうして2008年1月に、自宅から奈良市内のテナントビルへ事務所を移転。さらに将来的な法人化を見据え、事務所名を〝税理士事務所SBL〟へと変更した。「SBLには、お客様のビジネスと生活をサポートする意味のほか、事務所で働くスタッフのワークライフバランスに対する想いが込められています」

新たなスタートを切り、ここから八木代表の快進撃が始まる。スタッフの増員とともに、クライアントも増加。2014年には事務所が手狭となったため同じビル内で増床、2020年には事務所を税理士法人化して、大阪事務所を新たに開設した。

今は2つを拠点に、税理士3名を含めたスタッフ12名体制で多くのクライアントを支えている。「ここまで順調なことばかりではなく、紆余曲折色んなことがありました。今後も悪い時は上向くことを信じ、良い時は落ちる時のことに備えて、〝七転び八起き〟の精神で運営を続けていきたいと思っています」

個人の相続や企業の事業承継に数多くの実績

2022年2月に大阪を拠点に相続・承継センターを開設

税理士法人ＳＢＬ

これまで長年に渡って、企業経営と個人の相続を主に手掛けてきた税理士法人ＳＢＬ。相続案件に関しては、企業の事業承継も含めて、数多くの実績を重ねてきた。

「弊所では、相続開始後の相続調査や分割協議、遺言執行、遺産整理、税務申告といった手続きはもちろん、相続開始前の相続対策のご相談にも積極的に対応しています」

生前に相談を受けたときは、現状把握のために財産の特定・評価を行い、さらに被相続人の意向を確認した上で、遺産分割と相続税の試算を行う。

「次にお客様のご意向を叶えるため、遺産分割、節税、資金準備の3つの視点から、生前贈与や生命保険、不動産活用、遺言書などといった様々な対策をご提案させて頂きます」

相続は身内同士での争い、また負の遺産の相続や納税のために大きな借金を背負うなど、様々なリスクをはらんでいる。「こうしたリスクを回避するために生前対策は重要ですし、その内容は複雑で難解な場合が多いですので、必ず専門家を頼って欲しい」

こう話す八木代表に、数多くの実績の中から印象に残る事例をあげてもらった。

「ある資産管理会社様のケースですが、その会社の株式や不動産の名義が多くの親族に分散されているような状況でした」

八木代表は相続人全員の同意を得て、全ての不動産を売却し、会社も解散。できたお金を各相続人に分配し、納税もして相続を完了させた。「相続税・法人税・所得税など税金も複雑に絡み合う中、利害が相反する相続人間で訴訟に発展しないよう合意を得るためのスキーム作りは骨の折れる仕事になりましたね」

高齢化社会を迎え、国内全体でますます相続案件が増えている。『自分はまだまだ大丈夫』と相続対策に消極的な方が多い。だから相続をサポートさせて頂く我々の側が、もっと気軽に相談にきてもらえる環境を整えないといけません」。相続相談の敷居を下げるべく、八木代表は2022年2月から、大阪事務所を拠点に〝相続・承継センター〟の運営を開始する。「顧問先の経営者様には相続対策のご提案ができるのですが、個人一般の方々は税理士とは中々接点を作りづらい。相続・承継センターを通して、もっと多くの方々の相続支援ができればと考えています」

人材確保に繋がるワークライフバランスの導入

SBL独自のニュースレターで情報発信に注力

相続サポートや企業支援など、様々な強みを打ち出して運営を続ける税理士法人SBLにはもう一つ大きな特徴がある。それが徹底したワークライフバランスの実践だ。「きっかけは独立した頃の私自身の経験からですが、それが採用力向上や離職率の引き下げに繋がるため、これまで一貫して取り組んできました」

八木代表は早くから、所定労働時間7時間制やフレックスタイム制、短時間正社員制度の導入、残業や休日出勤の削減に取り組んできた。

2017年には、奈良県が仕事と生活の調和が取れた良質の雇用環境整備に取り組む企業「社員・シャイン職場づくり推進企業」の中から特に優秀な企業として表彰も受けた。

「今はコロナ禍なので在宅ワークを推進しています。在宅ワークは通勤時間を省略でき、その分家事や仕事、勉強に振り分けることができます。勤怠管理や機密情報の取り扱い、スタッフの自発的に仕事に取り組む意識などの課題はありますが、コロナ後も在宅ワークを続けていきたいと思います」

離職率低下、人材確保に繋がるワークライフバランスを
重要視する税理士法人ＳＢＬ

八木代表は、自社で培ってきたこうした職場環境改善のノウハウを顧問先の各企業へも惜しみなく提供している。「コロナが落ち着けば、人材不足はどこの企業も深刻な問題になってくると予想されます。解決策としてぜひ弊所の職場環境モデルを参考にして頂きたい」

現在年に2回ＳＢＬ独自で発行しているニュースレターにおいても、所内の職場環境や実際に働くスタッフの生の声などを紹介するなど、情報発信にも努めている。

「因みにこのニュースレターには私たちＳＢＬの紹介だけではなく、経営に関わる最新の情報や顧問先様のご事業の紹介、身近な旅行や料理のレシピなども載せています」

日々の業務に情報発信にと多忙な毎日を送る八木代表。今は独立当初のように家庭に多くの時間を割くことはできていないが、3人の子供の行事にはしっかりと参加し、成長を温かく見守っている。「今子供たちは高校2年生と高校1年生、小学2年生と大きく育ちました。子ども達が大きくなって自立する頃が近づいているので、私自身のワークライフバランスも考えて何か打ち込める趣味を探したいですね」

優しく微笑む八木代表。自身の描く理想の未来に向かって、今後も一歩一歩着実に歩を進める。

PROFILE

八木　正宣（やぎ・まさのぶ）

昭和 46 年生まれ。兵庫県たつの市出身。

神戸商科大学卒業後、2 カ所の会計事務所及び株式公開準備会社での勤務を経て、平成 16 年に天理市で八木会計事務所開設。同 20 年に奈良市に事務所を移転し、商号を税理士事務所 SBL へ変更。令和 2 年に法人化し税理士法人 SBL 設立。大阪事務所を開設。

税理士。行政書士。宅地建物取引士。CFP。1 級 FP 技能士。第二種情報処理技術者。

INFORMATION

税理士法人 SBL

https://sbl-plaza.com

所 在 地

〈奈良事務所〉
〒 631-0822　奈良市西大寺栄町 3-23
サンローゼビル 3 階
TEL　0742-32-1112

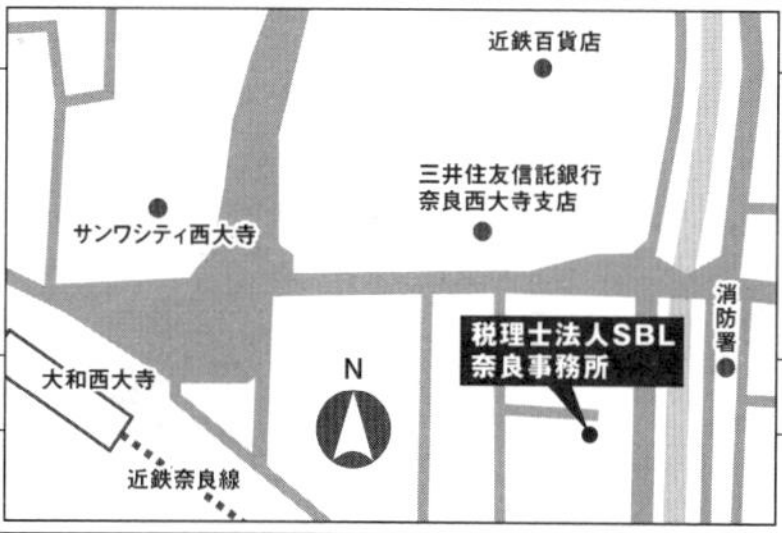

アクセス

近鉄大和西大寺駅より徒歩 3 分

所 在 地

〈大阪事務所・SBL 相続承継プラザ〉
〒 530-0001　大阪市北区梅田 3 丁目 4-5
毎日インテシオ 16 階

アクセス

JR 大阪駅より徒歩 8 分
JR 福島駅より徒歩 4 分
阪神福島駅より徒歩 4 分
JR 新福島駅より徒歩 7 分、地下鉄西梅田駅より徒歩 8 分

設　　立

令和 2 年（創業　平成 16 年）

業務内容

相続、贈与、遺言、事業承継、経営コンサルティング、会社設立、税務会計、融資支援

相続問題に特化し、税務を通して悩む顧客を親身にサポート

女性ならではの視点で相続をめぐるトラブルをワンストップで解決

オネスタ税務会計事務所
所長　公認会計士・税理士
田邊　美佳

相続の専門家として、ワンストップでお客様のニーズにきめ細やかに対応させていただきます

相続問題に悩む個人のクライアントに親身に寄り添う

相続問題が発生する前に専門家に相談することが大切

戦後間もない第1次ベビーブーム（1947〜1949年）に生まれたいわゆる「団塊の世代」が2025年には後期高齢者（75歳）の年齢に達し、その時点で国民の4人に1人が65歳以上の高齢者となる。多くの高齢者を数少ない現役世代が支え、医療、介護、年金などの社会保障を維持する経済的負担が働く世代に大きくのしかかる「2025年問題」が取り沙汰されている。現行の社会保障制度が根底から再構築に迫られ、国民経済と社会保障が大きな危機に直面する。超高齢社会によって経済成長率の低下や社会保障制度、介護問題、孤立死などが課題として挙げられ、相続も大きな問題の一つとなっている。高齢化による認知症患者が増え、判断能力の低下を理由に財産の運用ができなくなるケースも増えてくる。しかし早期に家族信託の活用や任意後見の契約、遺言書の作成などを行なえば、相続問題をスムーズに対処することができる。

税理士として相続税申告や生前贈与などの相続対策業務をメインに取り扱い、さらには一人暮らしの高齢者を税務面以外からもサポートしているのが、岡山市内に拠点を置くオネスタ税務会計事務所の田邊美佳所長だ。

事務所のネーミングとなっている「オネスタ」はイタリア語で、『誠実』『公正』を意味する。その言葉に込めた意味を、田邊所長は「お客様目線で誠実に対応することを何より重視し、税理士として公正な立場で判断して正しく納税するための申告書を作成する。顧客に誠実に接し、税務署に正しく対処する。常にその両立に心がけています」と語る。

オネスタ税務会計事務所

オネスタ税務会計事務所外観。
レストランカフェのような雰囲気で気軽に立ち寄れる

岡山を中心に中国、四国地方で多くの顧客を抱えるオネスタ税務会計事務所は、相続分野に特化し相続税申告、生前対策、顧問契約、事業承継などの業務に対応している。顧客のほとんどが個人で、「企業との顧問契約や事業承継よりも、個人として切実な問題を抱えて困っている人のお役に立ちたい」と説明する田邊所長。

「企業との顧問契約を増やすと通常の業務が多忙になります。相続問題に悩んで私たちの事務所に駆け込んでこられた依頼者や、相続税申告の期間が迫って切羽詰まったりしている個人のお客様への対応が難しくなります。本当に困っている方が、気軽に相談できる場所を設けたいとの思いを優先しました」

このため、オネスタ税務会計事務所のメインの業務は個人の顧客の相続税申告や生前対策となる。生前対策業務では現状の相続税を試算し、各種特例適用のための要件を満たしているか否かも事前に確認する。現状の税額の試算だけでなく、希望に応じて各種節税対策を行った場合のシミュレーションも行っている。将来、相続税が発生する見込みが高い人は、ぜひ長期的な対策を取ってほしいと田邊所長は勧める。なぜなら相続発生後はもちろん、相続発生直前に対策を行っても「納税額を大幅に軽減することは非常に困難」だからだ。具体的にはまず財産内容を把握して相続税を納める必要があるか否かを確認する。その結果、相続税の納付が見込まれる場合は税額を軽減する施策はもちろん、遺言や信託など円滑に相続を行うためのサポートもしっかり行う。税務に関する全ての分野に言えることだが、とくに相続問題は早めに専門家に相談することが重要になる。

「税理士事務所というとなかなか足を運びにくく、気軽に相談しづらいようです。しかし相続税がかかるかどうかは初回30分の無料面談でだいたいわかりますので、悩んでいる方はぜひ相談にお越しください。被相続人がお亡くなりになってからでは限られた対応しか取ることができず、入念な相続対策は不可能です」と呼びかける。経営者や個人事業主とは違い、会社員や公務員は日常あまり税理士との接点がなく、相続するにしても、何をどうしたらいいか全くわからないことも珍しくない。そんな個人客にとって親身に寄り添い、わかりやすく説明してくれる田邊所長の存在は心強い限りだ。

大企業の内部統制構築や業界最大手の税理士法人で実績を積む

外観はレストランカフェの趣で、「気軽にお越しください」

田邊所長は早稲田大学在学中に公認会計士資格を取得した。きっかけは会社を経営していた父親から、「無理に会社を継がせるつもりはない。会計士など手に職をつけたらいいのではないか」とアドバイスされたことによる。会計士になれば会計・税務面で父をサポートできると思ったことも資格取得を後押ししたという。大学卒業後は監査法人トーマツへ入所。その後アメリカとインドでのボランティア活動を経てアメリカに語学留学した。田邊所長は英語が堪能で、海外に被相続人や相続人が住んでいるケース、あるいは海外に財産を所有しているケースなどの対応も可能だ。帰国後、田邊所長はＲＳＭ清和監査法人へ入所。さらに三菱商事に転じて子会社の内部統制の構築支援を行った。企業の事業目的や経営目標に対し、それらを達成するために必要なルール・

仕組みを整備し、適切に運用する業務である。さらに業界トップクラスの相続税申告実績がある税理士法人チェスターへ移り、相続を専門とする知識と経験を培っていった。

「相続税申告をメインに担当しつつ、生前対策として将来的に相続でどれだけ税金が発生するかを試算し節税対策のご提案も行っていました」こうして関係する専門知識と多彩な経験を重ねた田邊所長は、平成29年、東京から地元に戻り、オネスタ税務会計事務所を設立した。大学入学以来岡山を離れていた田邊所長は地元での繋がりはほとんどなく、「ゼロから人脈づくりを行った」という。他士業が集まる交流会には積極的に参加して意欲的に人的交流を行っては知り合いを増やしていった。その時に築いた人脈の中から仕事を紹介されることが多いという。オネスタ税務会計事務所は、「いかにも税理士事務所」というイメージとは違い、かわいらしいカフェレストランのような外観だ。

「もともとは両親が経営する会社の敷地内で営業していたレストランだったのですが、そこが空いたというのでそのまま借り受けました。『相続コンシェルジュ』の看板を目印に、ちょっと相談をするという感じで気軽にお越しください」と気さくな笑顔を見せる。

セオリーありきの相続・節税対策ではなく、顧客の希望を最優先に

個々の依頼者に最良の解決策を提案する「相続のかかりつけ医」

徹底した〝顧客ファースト〟を貫く田邊所長のモットーは「小さな悩みでも打ち明けやすい雰囲気を作り、相談に訪れた人の話をしっかりと聞く」ことだ。

「依頼者の中には『何が分からないかも分からない』とおっしゃる方が少なくありません。『何か

ご不安な点はありますか』、『何かわからないことや聞きたいことはありますか』とその都度お伺いし、依頼者が悩みを話せるタイミングを作るようにしています。依頼者のちょっとした一言がヒントになって、『チェック漏れの財産があるのでは？』と気づくこともありますので、話をじっくり聞くことを大切にしています」

家族の数だけ相続問題への対応策があるといわれるように、持ち込まれる案件も節税を重視するケース、家族全員が納得できる方法を重視するケースなど正にさまざまだ。通り一遍の相続税対策を機械的に提案するのではなく、それぞれの依頼者がどんなニーズを持っているのか、どうしたいのかを正しく把握した上で最良の解決策を提案していく田邊所長は、いわば〝相続のかかりつけ医〟のような存在だ。相談内容によっては弁護士や司法書士など他士業に相談する必要も出てくる。「専門分野以外はお断り」と顧客をたらい回しにする税理士事務所もある中で、田邊所長は自身が窓口となり、培ってきた地元のネットワークを生かして細やかに対応している。

「オネスタ税務会計事務所は税務の仕事だけを取り扱う場でなく、相続全体の相談ができる場所としていますので、税にこだわらずさまざまな案件についてお話を伺います。相続手続きや金融機関の解約手続きなど、私たちで処置できる範囲の事は全て対応しています。また、他の士業の先生方とも連携を密にして、お客様に一番良い解決方法をご提示できるので、とても

小数精鋭で、相続問題を真摯に解決

喜んでいただいています」と胸を張る。

オネスタ税務会計事務所は相続問題に欠かせない不動産対策には、複数の不動産会社と協力関係を結んでいる。不動産物件をより高く売却できる業者を探したいという要望に対応するとともに、売却によって手元に残った資金の二次対策にも取り組んでいる。案件によって多彩なサポートができるのもオネスタ税務会計事務所の大きな強みだ。税理士事務所や相続問題も全く縁がなく馴染みがない人たちにとって、安心して任せられる「相続のかかりつけ医」を目指している。

頼れる親族のいない〝高齢のおひとり様〟を支える「よるべ」を設立

独り暮らしの高齢者の生活をトータルにサポート

田邊所長は令和元年に自身が中心になって一般社団法人「よるべ」を設立し、身寄りのない高齢者の生活支援活動にも取り組んでいる。一般社団法人「よるべ」は、頼れる親族のいない高齢者が安心して生活できるよう、日々の暮らしをサポートする団体だ。特に注視しているのが、子供がいない高齢者への支援だ。令和2年の調査によると日本人の生涯未婚率（50歳の時点で結婚していない男女の割合）は男性が23・4％、女性が14・1％で、男性の4～5人に1人、女性の6～7人に1人が未婚だという。そして今後この割合はさらに上昇していくと予測されている。一人暮らしの高齢者にとって、身体が不自由になったり、認知症を患ったりした時の不安は計り知れない。「よるべ」はそんな人たちへ見守り支援、身元保証、財産管理、任意後見、遺言書の作成・執行、死後の事務手続きなどの支援を行う。田邊所長が「よるべ」の設立を思い立ったきっかけは、相続に関する相談を受けている中で、顧客から「自分には子供も兄弟姉妹もいないが、親より先に自分が死んでしまったらどうしたらいいのか」という悩みを聞いたことだ。

「そんな切実な話を聞いても私ができることといえば『こういう対策がありますよ』と提案するだけです。実際にサポートできないことが歯がゆく、それなら同じ志をもつ人々と一緒に具体的に活動する組織を作ろうと思いました」と代表理事である田邊所長は振り返る。田邊所長と志を同じくする人たちは、司法書士や社会福祉士、看護師、弁護士、中小企業診断士、社会保険労務士など多士多才だ。

「認知が不安な場合は司法書士や弁護士と一緒に家族信託を組成していきます。しかしそれはあくまで家族がいることが前提です。〝おひとり様〟の場合は法定後見制度がありますが、自由に財産が使えなくなるため自分が望む生活を送りにくいというデメリットがあります。これに対して任意後見という制度があります。これは事前に自分の希望に添ったお金の使い方を決められるので、『よるべ』では、任意後見の形で独り暮らしのお年寄りに、どういう生活を送りたいかの希望を聞きながら財産管理のサポートをしています」

司法書士、弁護士、不動産鑑定士などと提携し、相続以外もワンストップで対応

超高齢社会で税理士はますます地域社会の頼られる存在に

相続に関する人々の意識が高まるにつれて、インターネットや書籍に膨大な情報があふれている。確かに相続についての関心の高まり、ハウツーものが氾濫しているが、相続税は亡くなった人が一生をかけて蓄積した財産に対して課せられる税金だ。税務調査も入りやすい税目で

もあり、専門的な判断を要する事項も多い。全体像を正しく把握するのは専門家でない限り難しい。また、相続税申告になれていない税理士に依頼することで、本来必要のなかった分まで税金を支払わざるを得なくなる場合もある。

田邊所長は、「業界最大手の相続税申告実績のある税理士法人チェスターとは現在も提携関係にあり、複雑な相続案件にも十分対応できる態勢が整っています」とアピールする。また、「地元の司法書士、弁護士、不動産鑑定士などとも提携し、「相続税申告以外の手続きについてもワンストップで対応することができます」という。

多くの顧客から信頼を得ているオネスタ税務会計事務所だが、「事務所自体を大きくすることはあまり考えていませんが、支援を必要としている人たちに一人でも多く、私たちの事務所を知っていただきたいです」と田邊所長。そのためにオンラインセミナーなども検討している。財産の管理にネット銀行・ネット証券を利用する世代が増える、今後は相続に関してログインIDやパスワードの管理など、これまでにはなかった課題も増えてくる。相続手続きに関して税理士の守備範囲は広く、その対応策も多様化してくる。それだけに超高齢社会にあって税理士は地域社会にとって無くてはならない、ますます頼られる存在となっていく。女性ならではの温かみと柔和な人となりの下に、強さと誠実さを秘めて精力的に活動する田邊所長に、地域社会の厚い信頼と期待が集まる。

相続で悩む人たちを支援したい。
セミナー等、積極的に活動している

PROFILE

田邊　美佳（たなべ・みか）

平成16年10月公認会計士旧2次試験合格。同17年3月早稲田大学社会科学部卒業後、監査法人トーマツに入所。同20年8月にアメリカ、インドでのボランティア活動を経てアメリカに語学留学。同21年12月清和監査法人入所。同25年11月三菱商事株式会社に転職。同27年2月税理士法人チェスター入所。同29年5月にオネスタ税務会計事務所設立。同30年4月公益財団法人サンフラワー基金監事就任。

令和元年12月一般社団法人「よるべ」を設立し代表理事に就任。

公認会計士。税理士。行政書士。二級ファイナンシャル・プランニング技能士。TOEIC910点。

INFORMATION

オネスタ税務会計事務所

https://www.onesta-tax.com/

所在地

〒710-0151　岡山市南区植松618
TEL　086-485-3351　FAX　086-485-3352

アクセス

JR本四備讃線（瀬戸大橋線）植松駅徒歩2分

設　　立

平成29年5月

業務内容

相続税申告業務、生前贈与等相続対策業務、事業承継対策、その他、税務・会計・決算に関する業務

理　　念

お客様に対しては誠実さを忘れずに、そして税法にのっとった公正な処理を行うことで安心して業務をご依頼頂ける事務所でありたいです。

九州エリア屈指の規模を誇る身近なまちの司法書士事務所

高齢化社会を見据え、きめ細やかな相続・遺言サービスを提供

司法書士法人 州都綜合法務事務所

代表 司法書士

原 弘安

相続による争いほど悲しいものはないと私は思います。
逆に相続を、先祖への感謝や残された家族同士の絆を
より一層深めるきっかけにしなければいけません

佐賀県鳥栖市と福岡県久留米市の2つのエリアに拠点を構える州都綜合法務事務所。総勢40名のスタッフを擁する、九州エリア屈指の規模を誇る司法書士事務所だ。これまで、不動産・商業法人登記、借金、過払い、相続、遺言、成年後見・家族信託など、多様な案件に対応。累計の相談件数は軽く10000件を超える。

そんな、人気の事務所を先頭に立って引っ張るのは、創業者である原弘安代表司法書士。無名で小さかった事務所をわずか20年足らずの期間で、見違えるように発展・成長へと導いた張本人だ。

「現在非常に多くのご依頼を頂いていますが、今最も多いご相談が相続・遺言に関するものです。高齢化社会の到来を実感しますが、こうした地域の皆様のニーズにしっかりとお応えしていくために、これからもスタッフ一丸で頑張っていく所存です」

こう、力を込めて話す原代表に、自身の経歴や事務所設立の経緯、現在の取り組みや今後の展望など、詳しいお話を伺った。

原因不明の大病から奇跡的に回復

「人の役に立つ仕事を」と司法書士を志す

現在49歳の原代表。彼がそもそも司法書士の道を志したのはなぜか。その理由は幼少期にまでさかのぼる。

「両親は共働きで、子供時代は主に祖母に育ててもらっていたのですが、祖母からはいつも『世の中の役に立つ人になりなさい。そのために一生涯勉強することが大切』と言われていました」

九州エリア屈指の規模を誇る
州都綜合法務事務所

祖母の教えを受け、〝世の中の役に立つような仕事〟という漠然とした将来像を描いていた原代表に、2つの大きな出来事が起こる。それが、祖母の心臓の病気と自身の大病だ。「心臓の悪い祖母に私はいつも薬を飲ませていました。でもいつしか『何億でもお金を稼いで祖母の心臓を買ってあげたい』と思うようになり、それが将来サラリーマンではなく自営業でいこうと思った最初のきっかけでした」

将来の夢に向かって勉強を続けていた原代表だったが、高校を卒業して大学へ入学というちょうど境の時期に、原因不明の大病を患ってしまう。

「腹痛でろくに立つこともできず、一生ベッドの上での生活という宣告を医者から受けました」

家族は皆号泣し、自身も人生に絶望を感じ、打ちひしがれた。しかし、その後すぐに誰も予想のできない奇跡が起きる。医者から難病で治療は不可能と言われていた病気が、すっかり治ってしまったのだ。「私は元々人の気持ちを勝手に想像して考えるようなタイプの人間だったのですが、そうではなく、気持ちが分からなければ直接聞く、あるいは自分のことを好きになってもらうような努力をしようと。そういうマインドに変えたことをきっかけとして体が健康な状態に戻ったのです」

一度諦めた人生を再びスタートできる。一気に人生の視界が開けた原代表は、改めて自分で事業を起こして仕事をしていく決意を固める。「色んな選択肢がありましたが、〝世の中の役に立つ仕事〟として私は司法書士を目指すことにしました」。大学を卒業後、試験の勉強に明け暮れ、2000年に司法書士試験に合格。無事に資格を取得し、原代表の司法書士キャリアの幕は上がった。

どんな悩みにも対応するワンストップサービスを実践

事業規模拡大とともに、職場環境の整備にも着手

資格を取得後、原代表はすぐに独立するのではなく、他事務所に就職。「力武先生との出会いが無ければ今の自分はいない。私の師匠です」と、そこの所長のもとで2年間を過ごした。「司法書士の仕事といえば不動産や法人の登記が当たり前という時代に、力武先生はどんな悩みや相談も断らずに受け入れ、事務所で対応できないものは連携する他士業の先生を紹介するなど、困りごとの窓口的な業務スタイルを貫いていました」

多様な相談・依頼が舞い込む事務所で、原代表は目の前の仕事を懸命にこなした。そして、気づけば同期とは比べ物にならないほどの豊富な知識と経験を積み上げていた。

実務を通して自信をつけた原代表は、2003年に満を持して独立し、司法書士原弘安法務事務所を開設。6年後の2009年には法人化し、今の事務所名である司法書士法人州都綜合法務事務所を設立した。独立以降、原代表は、師匠である力武氏のスタイルを踏襲し、どんな悩みにも窓口一つで解決できるワンストップサービスを実践し続けた。「不動産や会社の名義は変更するのに、なぜそれ以外の株や預金などの名義変更はしないのか。また名義変更だけでお客様の抱える全ての問題を解決することも不可能。司法書士の枠を超えた総合的なサービスを提供できる組織づくりはずっと重視してきました」

こうしたサービスは各方面から受け入れられ、独立後、すぐに仕事の依頼が多く舞い込んできた。「たくさん仕事を頂けるのはありがたかったですが、スタッフの人材確保が思うように進まず、従

業員に激務を強いてしまうなど……、私自身経営者として未熟な面もありましたね」と当時の苦労を振り返る。

その後の事業規模拡大とともに、原代表は組織体制の整備を行い、従業員が働きやすい職場環境づくりにも重きを置いてきた。現在、入社2年目の大曲司法書士は「州都綜合法務事務所は規模が大きく色んな相談事が舞い込むので、ここなら司法書士として自分を磨くことができると思い、入社させて頂きました。日々勉強で、先輩に教えてもらいながらの毎日ですが、楽しくやりがいをもって仕事ができています」と話す。

円満な相続実現のため、生前対策を重視

州都綜合法務事務所が提供する遺言作成・執行サービス

現在、州都綜合法務事務所は、組織を大きく登記部門と裁判部門の2つに分けて、幅広い悩み・相談に応じている。業務をざっとあげれば、不動産登記、商業法人登記から、生前対策、遺言執行、遺産整理、借金整理、過払い金、成年後見、企業法務、事業承継など。

こうした様々な事案の中、寄せられる相談で最も多いのが相続に関わるものだ。「子供は親にとってかけがえのない大切な存在ですが、自分の遺した財産が原因で、可愛い子供たちの仲が修復不可能な程に悪くなるケースもあるのが相続の怖いところです」

原代表は、円満な相続を実現させるため、遺言の作成を重視している。「遺言作成にもいくつかポイントがあり、大事なのは公正証書遺言での作成と我々第三者の介入です」という。

「例えば、遺言を子供のうちの一人が作成しようとすると、他の兄弟から『父に無理やり作らせた』といったクレームが入る。それで争いに発展するといったケースが今まで幾度となくありました」

そこで、州都綜合法務事務所が遺言作成から携わり、同事務所が被相続人の代わりとなり、死後、相続人に遺言内容を言い渡すといった一連の遺言作成・執行サービスを提供している。「身内同士より、我々専門家が関わる方が争いリスクを避けられます。相続が他の争いごとと違うのは皆が家族だという点。家族同士だからこそ、逆に遠慮なく言えて、大きな争いになってしまうのです」

クライアントとの関わりを何より大切にする原代表

また、州都綜合法務事務所では、生前の遺言作成とともに、税理士と連携した節税策の提案や必要に応じた信託、後見など様々なプランを提供する。

「相続による争いほど悲しいものはないと私は思います。逆に相続を、先祖への感謝や残された家族同士の絆をより一層深めるきっかけにしなければいけません」

このように力説する原代表は、相続のセミナーにおいても、「相続は財産に加え、節税などの知恵や先祖への感謝の想いといったものも受け継いでいくべき」だと伝えている。「家族って良いものだなと。そう思って頂ける相続の実現を我々がサポートしていきたい」

司法書士法人 州都綜合法務事務所

「お客様から感謝の言葉を頂けた時は、仕事をやっていて良かったなと思えます」

原代表が印象に残る2つの事例

「相続含め、我々が手掛ける仕事はお客様の人生に深く関わるものが多い。それだけにプレッシャーもありますが、お客様から感謝の言葉を頂けた時は、この仕事をやっていて良かったなと思えます」

クライアントとの関わりを何より大切にする原代表に、これまで印象に残っている事例を2つあげてもらった。

「有明海の沿岸沿いでみかん栽培を営むご夫婦で、ご主人が亡くなり奥様から相続のご相談を頂きました。遺言書はなく、お子様のいないご夫婦でしたので、相続人は奥様に加えご主人の兄弟とその子供で、総勢約20名おられました」

遺産分割を進めるため、相続人全員にアクセスした結果、全員から「遺産は放棄して全て奥様に譲る」との返答をもらった。「結果を奥様に報告するととても喜んで頂き、その後の手続きも無事に終えることができました。遺言書がなく、相続人が大勢いる今回のような場合はスムーズに進まないことも多いのですが、上手く完結できました」。その後、妻は自分が亡くなった時の相続に備え、州都綜合法務事務所に遺言書の作成を依頼。今も遺言書の管理を通して付き合いを続けている。

2つ目は、離婚して一人暮らしをしていたある男性が亡くなったケース。「この男性の甥っ子から相続のご相談を頂きました。このケースも遺言書はなく、相続人は一人娘と男性の兄弟とその子供でした」

相続財産の件を伝えるため、原代表は男性の娘に直接会いに行くことにした。「家にお邪魔すると、娘さんは結婚していて、子供とご主人と幸せに暮らしていました」。原代表は娘に父の相続財産があり、それを貰う権利があることを伝えた。これに対して娘は「父とは物心ついてから会ったこともなく、財産を譲り受ける権利もないから財産放棄させて頂く」という返事。

「聞けば娘さんはご自身が結婚した時に報告のためお父様の家を訪ねたそうです。でも家の前まで行った時に『父が再婚していたら迷惑になる』と結局会わずに引き返した。娘さんはほとんど会ったこともないお父様のことをずっと想っていたのです」

生前会わなかったことの後悔とともに、今後お墓にお参りに行くことを決意した娘は結局財産を全て放棄した。「娘さんのお父様に対する想いに触れ、私は第三者の人間でしかありませんが、とても感動したのを覚えています」

「相続の相談タイミングは亡くなった直後。生前対策であれば70歳から始めるが一つの目安」

「ご家族の皆さんと人生で何度も関われるような身近な存在であり続けたい」

高齢化に伴い、今後ますます増えていくであろう相続に関わる相談ニーズ。そうした中で原代表は「相続はやるべきことが多く手続きも複雑ですので、ぜひ我々専門家を頼って欲しいと思います」と呼びかける。「まず亡くなった後であれば、通夜、葬式、火葬、納骨を終え、葬儀代や病院代をまかなうために銀行へ行き、そこで相続手続きや戸籍書類などが求められます。大体皆さん、このタイミングで相談に来られるのですが、理想は葬儀が終わってすぐのタイミングです」

司法書士法人 州都綜合法務事務所

〝日本で最も感謝される法人〟を目指してスタッフ一丸で
質の高いリーガルサービスを提供する

「そしてこれから老後を迎える人は、遺言書の作成や節税対策を、70歳を一つの目安としてお元気なうちにやっておくことをお勧めします。ただし離婚歴がある方は例外で、30〜40代で対策を打つべきです」

州都綜合法務事務所副代表の古城司法書士も「後悔してもあとの祭りというケースは多々ありますので、遺言作成などを少しでもお考えであれば即行動して欲しい。特に気力のあるうちに取り掛かることが大切です」と口を揃える。

相続対策の情報発信にも力を入れる州都綜合法務事務所は、地元・佐賀テレビにてCMも放送している。「相続をはじめ、我々が提供するサービスを通して、ご家族の皆さんと人生の中で何度も関われるような、そんな身近な存在であり続けたい」

事務所理念である〝日本で最も感謝される法人〟を目指して、スタッフ一丸で今後も質の高いリーガルサービスを提供していく。

PROFILE

原　　弘安 （はら・ひろやす）

佐賀県出身。九州大学卒業後、2000 年に司法書士試験に合格。
2 年間の修業期間を経て、2003 年に鳥栖市秋葉町にて個人事務所を開設。
2009 年に法人化し、州都綜合法務事務所を設立。
福岡県久留米市にもオフィスを開設。
公益社団法人成年後見センター・リーガルサポート会員。

INFORMATION

司法書士法人 州都綜合法務事務所

https://shuto-office.com/
（相続サイト　https://shuto-office.com/souzoku/）

所 在 地

〈鳥栖オフィス〉
〒 841-0036　佐賀県鳥栖市秋葉町 3-18-6
H スクエア BLD
TEL　0942-83-0044　FAX　0942-83-0054

アクセス

JR 鳥栖駅（鹿児島本線、長崎線）から徒歩 10 分

所 在 地

〈久留米オフィス〉
〒 830-0018　福岡県久留米市通町 10-4
TK 久留米ビル
TEL　0942-36-3311　FAX　0942-36-3322

アクセス

JR 久留米駅（鹿児島本線）東口から徒歩 5 分

設　　立

平成 21 年

業務内容

不動産登記、商業法人登記、遺言サポート / 相続サポート、借金整理 / 過払金返還請求、成年後見人 / 財産管理業務、民事訴訟代理 / 示談交渉、自己破産 / 個人再生、企業法務・事業承継サポートなど

理　　念

私たちは、司法書士業という職務を通じ、日本で最も感謝される法人になります。

「積極的な変化を創る」お手伝いが最大の使命

依頼者とのつながりを大切に理想の解決策を提案

ステップ行政書士法人
代表社員　特定行政書士
大庭　孝志

『遺言を書くのは義務だ』とお話ししています。残されたご遺族が困らないためです

ステップ行政書士法人は平成8年、代表社員の大庭孝志氏が28歳の時に開業。当初は個人事業で開設し平成18年に法人化した。地元茨城県の鹿行地域を中心に、建設業や運送業、在日外国人の在留手続、相続手続を得意とする。

事務所スタッフは総勢6人で、うち3人が行政書士の有資格者だ。「持ち込まれる案件の業務処理能力の高さには定評があり、頼れる仲間です」と大庭代表も一人ひとりのスタッフに全幅の信頼を寄せる。またスタッフの中には行政書士と社会保険労務士の資格を有している人材もおり、社労士事務所も併設している。

現在クライアントの約80%は事業者で占められており、主として様々な許認可、免許の更新や審査など定期的に必要となる企業の業務手続きを手掛けている。

事業承継も重要な業務の一つだ。大庭代表は、「きちんと手続きを踏んでいないと承認されないケースがあります。資料の読み込みやクライアントへのヒヤリングなどで、注意深くアドバイスをすることを心掛けています」という。

一方個人では、外国人の在留資格の手続き業務とともに、相続に関わる相談・依頼が多く寄せられる。

常日頃大庭代表は、多様な手続業務の迅速・的確な処理や、クライアントが見落としている点のフォローの徹底など、行政書士として期待される正確、完璧な仕事の完遂に心血を注ぐ。

人事や社会保険の手続きに携わる中で、自身の「天職」に気づく

行政書士の資格を取得し28歳で独立して事務所を開設

ステップ行政書士法人

クライアントが本当に望む解決を実現するため
慎重に事実関係を掘り起こしていく

大庭代表が士業の道を志したのは27歳の時で、行政書士を目指そうと決心するまでには様々な試行錯誤があった。

大学卒業後は地元の金融機関に就職したが1年で退社。その後は専門学校へ通うなどして将来やりたい仕事を模索する。きっかけとなったのは当時勤務していた地元教育関連事業者で、銀行業務の経験を買われ総務部門の仕事を任されたことだった。人事や社会保険の手続きに携わる中で、「自分はこういう仕事にやりがいを感じるんだということに気付いたんです」と大庭代表は振り返る。

「士業者として仕事をしていきたい」という自身の大きなモチベーションに突き動かされて新天地に踏み出した大庭代表は、28歳で事務所の設立にこぎ着けた。

資格取得から事務所開業まで、とんとん拍子で進んだ大庭代表だったが、独立当初は行政書士の仕事がどのようなものかよく分からなかったという。

「資格は取得したのですが、『まず何から始めればいいのか？』という状態でした。思案にふけっていた時に、開業間もない行政書士を対象にしたセミナーがあり、そこで基本的な業務内容など、行政書士のイロハを教えてもらうことができました」

しかし事務所開設当初は仕事の依頼もほとんどなく、どうしようかと思い悩む時期もあった。

「この時期、幸いにも地元の商工会やJCの集まりに招いていただきました。こうした集いがきっかけで、仕事が少しずつ舞い込むようになりました」と当時を振り返る。一方で、大庭代表の地元の同級生が起業し、独立するケースも増え始め、彼らからの依頼も徐々に増えていった。

「当時は地元の士業者でも20代で独立する人は珍しく、地元の皆様から注目されました。頂いた仕事をひとつずつこなしていく中で、実務経験を重ねていくという毎日でした」

大庭代表にとって、最も印象深く、転機ともなった案件は、運送業を営む同級生からの依頼だった。若くして親の会社を継ぎ、社長として頑張っていた同級生だったが、ある時取引先の倒産で何千万円という売掛金が回収できなくなってしまった。

債権回収の業務は本来弁護士の領域だが、地元地域は当時、弁護士過疎地域であったこともあり、行政書士である大庭代表に依頼が寄せられた。債権譲渡の契約書作成や内容証明の通知書郵送など、可能な範囲の措置をとった結果、全額ではないが代金の一部を回収することができた。

「この事がきっかけになり、口コミで評判が広がりました。とくに運送業を中心に仕事が一気に増えていきました」

多い、相続手続に絡む不動産の名義変更の依頼

クライアントが本当に望んでいる解決に向け事実関係を探る

現在主力業務の1つとなっている相続手続は、既存の取引先やその紹介で手掛けることが多い。また、事務所の看板に表示している「遺言、相続専用ダイヤル」を見て、相談に来る

人も最近は増えている。

相続関係の相談内容で一番多いのは不動産名義の変更で、全体のおよそ60％を占めている。

「親御さんや御祖父が亡くなったので、不動産の名義を変更したいという相談が最も多いです。名義変更などやった事がない方がほとんどですから分からないのは当然です。こうした中、私たちに相談していただく一番のメリットはスピードです。いかに早く手続きを済ませて、クライアントの生活を普通の状態に戻せるかを常に意識して作業に当たっています。そしてもう一つ大事なのは、業務の途中で気付いた点を即座にクライアントにお伝えすること。相続では不動産以外の名義変更を忘れるケースもよくあるので、『こちらの変更はお済みですか？』とご質問、アドバイスも行います」

相続の相談を受ける際に、大庭代表は依頼者の話をよく聞くことを何より重視している。クライアントが本当に求めている理想の解決策を探り当てるためだ。

ただでさえ慣れない相続の手続きに迫られ、平常心を保つのが難しい状態にある依頼者は、考えをうまく言葉にできない場合も多い。

「どういった背景があるのか。どういう想いに駆られているのか。そしてどうしてほしいのかは人それぞれです。クライアントが本当に望んでいる解決を実現するため、慎重に事実関係を掘り起こしていきます。必要であればご自宅にお邪魔しますし、相続対象となる不動産を直接視察させて頂く場合もあります。なお、必要に応じて登記は提携司法書士に依頼、税務は提携税理士を紹介します」

相続を巡るトラブルの未然防止の特効薬は「遺言書」

セミナーやSNSを活用して「遺言書」の重要性を訴える

クライアントの前向きな変化を創出するため
スタッフ一丸で業務に勤しむ

大庭代表が相続において最も重要視し、その周知にも力を入れているのが「遺言を書いてもらうこと」だ。これまで数々の相続の相談を受ける中で、「遺言さえ残しておけば、これほど苦労することはなかった」というケースを多数垣間見てきた経験からで、遺言がないためにトラブルとなったケースは少なくないという。

よくあるのが、「他の相続人に一度も会ったことがない」といったケースで、夫婦に子供がいない場合は手続きがさらに難しくなる。子供がいれば配偶者と子供だけの了承を得られれば事足りるが、いない場合は親や兄弟、甥や姪までが相続人の対象になる。

「もともと仲が悪かったため、これまで親類縁者が疎遠になっていることも少なくありません。この場合、相続手続きで印鑑をもらおうとした時にトラブルになることが多いのです。相手が納得して手続が完了するまでかなりの時間がかかります」

大庭代表は、「遺言を残すことで、例えば相続人と被相続人の関係が希薄であっても、あまりトラブルに発展することはありません」と話す。

こうした相続トラブルを未然に防止するための遺言の重要性を多くの人に知ってもらうため、大庭代表は遺言書の周知活動に力を入れて取り組んでいる。

近年では地元の行政書士会などと連携して遺言セミナーを開催。「遺言を書くかどうかの判断はもちろんご本人の自由ですが、私はあえて『遺言を書くのは義務だ』とお話ししています。残されたご遺族が困らないためです」と訴える。

遺言セミナーで使用する資料を整理して、ユーチューブなどのSNSで公開することも検討中だ。「『遺言を書くのはまだ早い』『お金持ちじゃないから大丈夫』と思っている方が多いのが実情です。また、子供がいない夫婦は残った配偶者のみが相続人になると誤解している方も少なくありません。子供がいない場合の相続手続きが一番大変なのです」

行政書士の魅力は「クライアントの人生の変化に関われること」

「現状よりも良くなる前向きの変化でなければ意味がない」

地域に密着し、地元茨城との深いつながりの中で行政書士の業務に携わり、ステップ行政書士法人は設立から四半世紀が経過した。

これまでの業務を通して行政書士の魅力をについて大庭代表は、「クライアントの人生の変化に関われること」だと語る。

「私の名刺にも記載していますが、『積極的な変化を創る』『前向きな変化を創る』お手伝いをするというのが私の座右の銘であり、ステップ行政書士法人の理念でもあります」

事業の許認可手続き業務や相続手続きなどのためにクライアントは事務所を訪れるが、「基本的には皆さん現状からの変化を求めているのです。私たちの仕事は、クライアントにとって現状よりも良くなる前向きの変化でなければ意味がありません。この基本的な考えは一人ひとりのスタッフに徹底してもらっています」と強調する。

「ステップ」という事務所の名前も、この前向きの変化を表現して名付けられた。

「独立して1人で事業を始め、クライアントの皆さんの各種手続きをお手伝いさせていただいて25年が経ちました。事務所には優秀なスタッフも集まり、今振り返ってみて多少なりともクライアントの皆さんのお役に立てたのかなと思います」

気がつけば早や四半世紀を経て、「続けてきて本当に良かった」と述懐する。クライアントの積極的で前向きな変化をサポートするステップ行政書士法人だが、大庭代表は「私たちの事務所自体も新たな変化を創りだしていかなければなりません」ときっぱり語る。

前向きな変化を続けていく先に、なりたい自分の姿がある
毎朝5時に起き、FACEBOOKで情報を発信

「私たちが日々心掛けていることは『積極的な変化』を創り出すことです。積極的な変化とは前向きに変わっていくことです」と大庭代表は声高に語る。

「一歩でも半歩でも前向きに変わっていくこと。前向きな変化を続けていく先に、なりたい自分、そうありたい自分の姿があるのだと信じて日々活動をしています」

ステップ行政書士法人

相続トラブルを未然に防ぐため遺言書の周知活動にも力を入れている

「私たちの事務所も含め、前向きな変化を一人ひとり皆が実践し、それが集まって地域全体の大きな前向きな変化に繋がっていく。やがてその前向きな変化が日本の、そして世界の積極的な変化へと繋がっていきます」

　前向きな変化を常に意識して生きる大庭代表は毎朝5時に起き、FACEBOOKやブログ等で情報を発信する活動を4年以上も続けている。内容は遺言に関する情報や、事業者を意識した事業継続計画など多種多様だ。

「朝起きてまずFACEBOOKで発信し、事務所へ行く前にジムで1時間くらい汗を流します。ジム通いは始めて半年ほど経ちますが、仕事モードへ頭を切り替えられるし、健康の秘訣になっています」

　地域に根差し、クライアントが希望する解決策を提供する姿勢は今後も変わることはない。

「お困り事があれば、お気軽にご相談ください。私たちと一緒に積極的な変化を創り出し、ともに永遠の幸福と平和を目指していきませんか」と大庭代表は親しく呼びかける。

PROFILE

大庭　孝志（おおば・たかし）

銀行勤務、地元学習塾勤務を経て平成８年４月に行政書士として独立開業。同18年12月に法人化、同27年に名称を現在のステップ行政書士法人に改称するとともにスタッフを増員して現在地に移転。

現在、ステップ社労士事務所、株式会社ステップを併設。

建設業、運送業、廃棄物処理業、法人・会社設立、風俗営業、入管申請、農地転用など幅広い分野の許認可申請を取り扱う。また遺言相続支援、契約書や内容証明作成などの民事法務分野にも関与。

その他各種セミナー講師やpodcastでインターネットラジオの配信を行うなど幅広く活動している。

キャリアコンサルタント、ISO審査員補、BCP主任管理士を保有。

INFORMATION

ステップ行政書士法人

https://step-gyosei.com/

所在地

〒314-0031　茨城県鹿嶋市宮中2010-3
カシマ95ビル1F
TEL　0299-82-8153　FAX　0299-84-0810

アクセス

JR鹿島神宮駅から徒歩約28分
東関東道高速バス　鹿嶋市役所徒歩３分

設　　立

平成８年４月（平成18年12月法人化）

業務内容

建設業、運送業、廃棄物処理業、風俗営業など幅広い分野の許認可申請。法人設立、会社設立。在留資格認定証明書交付申請、在留期間更新入管申請。農地転用許可申請、農振除外申請。遺言・相続支援サービスなど。

理　　念

前向きな変化。潜在能力の顕在化。自由で豊かな生き方の創造。積極的な変化を創る。

「人生の基盤である家庭の安心」を届ける相続・遺言のスペシャリスト

チャレンジ精神で次々とハードルをクリアする地域密着型の〝異色の行政書士〟

行政書士事務所
相続しあわせ相談室
代表　特定行政書士
宮本　秀樹

相続問題でお悩みの方が悲しみと苦しみを乗り越え、幸せになるお手伝いをします

「行政手続きのプロフェッショナル」「身近な町の法律家」として人々に長年親しまれてきた行政書士。平成14年の行政書士法の改正によって行政書士に代理権が付与され、法律家としての活躍の場が一段と拡大した。その業務範囲は許認可申請、会計記帳業務、中小企業に対するビジネスコンサルタント、トラブルを未然に防ぐ「予防法務」のスペシャリストなど非常に広いが、近年は特定の分野に注力する行政書士が増えている。長崎県大村市で「行政書士事務所　相続しあわせ相談室」を運営する宮本秀樹代表行政書士もその1人だ。

「相続問題で悩んでいるご家庭に少しでも安心感を与えたい、その悲しみと苦しみを乗り越えていただき、少しでも幸せになっていただきたい」という宮本代表は、相続・遺言を得意分野としている。「相続手続きをすることになったが初めてなので非常に不安だ」、「子供がいない夫婦に遺言書は必要なのか？」、「相続人が多くいてしかも全国に散在しているので大変だ」など、相続・遺言に関する悩みを解決するエキスパートとして地域の多くの人々から厚い信頼を集めている。

簿記の講師、海上自衛隊員を経て行政書士へ

〝人の役に立ちたい〟との一心でチャレンジを続ける

簿記の講師を経て海上自衛隊に入隊。その後行政書士資格を取得するという異色の経歴をもつ宮本代表。高校時代の恩師への憧れから教育者を志していたが、西南学院大学経済学部を卒業後に縁あって、新卒で様々な資格取得を支援する大栄総合教育システムに簿記講師として入社した。

「行政書士の実務を行いながら、小規模ながら今でも簿記を教えています。今はコロナ禍で控え

行政書士事務所 相続しあわせ相談室

月２回開催する無料相談会で
親身にアドバイス

ていますが、以前は遺言書の書き方教室を開いていた時期もあります。自分が経験したことを人に伝えたい、教えたいという思いが強いのです」と宮本代表は笑顔を見せる。行政書士と講師の仕事は「丁寧に説明する」「相手の話をしっかり聞く」という二つの点で共通しているという。相続しあわせ相談室のホームページでは相続について解説した動画を掲載しており、「説明がわかりやすい」と人気だ。

平成11年には簿記講師から大きく転身して海上自衛隊に入隊した。全くの畑違いの世界だが、実父が陸上自衛隊に勤務していた宮本代表にとっては身近な存在だった。海上自衛隊で中間管理職となり業務を仕切りつつも、「このままでいいのだろうか」という思いは常にあったという。当時、海上自衛隊では海将・海将補以外は60歳以前に定年退職の規定があり、その年代での再就職は非常に難しく感じていた。このため宮本代表は専門的な資格を身につけようと奮起し、平成26年に行政書士資格を取得した。そしてその2年後に「行政書士事務所　相続しあわせ相談室」を開業した。さらに行政書士が作成した許認可書類に係る不服申し立て手続きについて代理ができる特定行政書士資格も取得している。多くのハードルをクリアしてきた宮本代表のモットーはずばり「挑戦」だ。

「業務にしても経営にしても挑戦という言葉が常に自分の中にあります。挑戦する気持ちが萎えてしまったら諦めが出てきます。いつも挑戦＝チャレンジする心を忘れずに進んでいきたいと思います」力強く語る宮本代表だが、設立した事務所の名前に「相続」という言葉を冠しているように、相続・遺言を得意分野としている。

「実父が亡くなった時に私自身非常につらい思いをしました。その経験から『家庭の安心こそ人生の基盤である』と痛感しました。家庭の安心感を土台にしてこそ社会で活躍できるのです。しかし、多くの家庭ではその基盤を揺るがす相続問題を避けて通ることはできません。相続で悩み苦しんでいるご家庭に少しでも安心感を与えたいという想いから、『相続しあわせ相談室』というネーミングで行政書士事務所を開業しました」「自らの痛みを他人の上に感じられる人こそが優しい人」といわれるが、宮本代表が相続で悩んでいる依頼人に向ける目はとことん温かい。

相続に関して毎月2回、無料相談会を開催

「誰に何を相談したらいいのか」という人にも丁寧に対応

「行政書士事務所　相続しあわせ相談室」の主な業務内容は遺言書作成、相続手続き、任意後見・見守りなどだ。具体的には遺言書の原案作成から公正証書にするための戸籍調査・財産調査や資料収集、公証役場との調整、証人の手配、遺言執行者の指定なども含めてトータルで依頼人をしっかりサポートしている。また同事務所では遺言書を作成する際に重要な遺留分に配慮し、戸籍調査による推定相続人の確認をした上で原案作成を行う。

寄せられる相談のうち相続と遺言・成年後見の分野が約6割、残りの4割は農地の転用などで占められているが、これは地域的な特徴だと宮本代表は説明する。

「農地法の許可申請にはいろいろな種類があります。例えば農地に宅地を造成したり、駐車場にする

場合には許可申請をします。私たちの事務所がある長崎県大村市や近隣の諫早市では不動産会社や土地家屋調査士さんを経由してのニーズが多いですね。その他には建設業の許可申請や法人の設立などのご依頼があります」

依頼の方法で最も多いのは知人からの紹介による。続いてホームページや電話からの依頼が多い。また開業以来月2回の頻度で無料相談会を開催しているが、これが仕事に結びつくケースもある。新型コロナの感染前には広い会場で行っていたが、今では事務所内で開いている。相談会には「相続問題で悩んでいるけれど、そもそも誰に何を相談したらいいのかがわからない」という人もやってくる。経営者や自営業者ならともかく、士業と触れ合う機会や必要性が少ないサラリーマンや主婦など一般の方にとっては無理もない。

「どんな場合でもとりあえずお話をうかがっています。行政書士でできることはもちろん対応しますし、税理士さんや弁護士さん、司法書士さんの方がいいと判断すれば私が窓口となって引き継いでいます。事務所は完全個別相談なので気兼ねなくお話いただけます。一度話を伺いたいと思った時が相談のタイミングです。是非お気軽にお話ください」と呼びかける。

任意後見から死後事務委任まで、ニーズの高い業務に注力

相続・遺言に関する相談をトータルで解決する

相続しあわせ相談室では任意後見にも力を入れている。任意後見制度というのは、本人が十分な判断能力があるうちに、判断能力が低下した場合に備えて、あらかじめ本人自らが選

んだ将来の代理人（任意後見受任者）に、代わりにしてもらいたいことを公正証書による契約（任意後見契約）で決めておく制度だ。これと似た成年後見制度に法定後見制度がある。本人の判断能力が既に低下している場合に、本人の個別事情に応じて、家庭裁判所が適切な援助者（補助人・保佐人・後見人）を選任する。

「任意後見は自分の意思で契約しているので、原則として契約した任意後見受任者が任意後見人となります。一方の法定後見は候補者の希望を出せますが、誰を選任するかを最終的に決めるのは裁判所なので、本人やご家族が希望する方が必ず後見人につくとは限りません」

宮本代表は成年後見人の養成、指導・監督、成年後見人制度の普及を目的とする「一般社団法人コスモス成年後見サポートセンター」に所属し、月1回のペースで依頼者に連絡したり自宅を訪問したりする見守り契約も行う。現在、宮本代表が最も力を入れているのが「死後事務委任」だ。葬儀や納骨の手配、永代供養、遺品整理、医療機関での未払いの治療費の支払いなど、本来なら遺族が対応する部分を代行する業務だが、頼る家族や親族がいない人が増えている昨今そのニーズは高まっている。

「配偶者と死別あるいは離婚された単身者や、お子さんがいないご夫婦などからの相談が増えています。自分の将来を考えた時に親戚はいるけれども頼めない、あるいは頼みたくないという理由が多いで

スタッフ一同、相続問題に真摯に取り組む

すね」以前は遺言書だけ作成する依頼者が多かったが、最近はそれと同時に死後事務委任も契約したり、遺言書と死後事務委任の間に任意後見契約をしたり、トータルで受ける案件が増えているそうだ。

「私は現在47歳ですが、先日、お子さんのいらっしゃらない50代のご夫婦が遺言書作成と死後事務委任をされました。また、同じく50代の方が任意後見契約をされるなど比較的年代の近い方からの相談が増えています。遺言執行者として指定いただいた案件では私が公正証書をお預かりしていますが、実際にそれを執行するのはまだ先のことになります。年齢が近いからこそ、今後も責任を持ってしっかり見守っていけるよう自分自身の健康管理にも気を付けています」

遺産分割協議も豊富な経験を活かして親身にアドバイス

セミナーや教室を主宰し、相続・遺言の啓蒙活動に打ち込む

相続分野において非常にもめやすいといわれるのが遺産分割協議だ。本来は遺産をどう分けるかという話し合いなのだが、感情的になってこじれやすく、泥沼化してしまうケースが珍しくない。

「相続を巡る話し合いである遺産分割協議は、もめる以前にそもそも話し合いすら行われないケースがあります」と宮本代表。親族に問い合わせても「相続など知らない、関わりたくもない」と一切無視されることもある。しかし、相続人がたった1人欠けても話が進まないのが遺産分割協議である。相続しあわせ相談室では、依頼者からどういう経緯で現在に至ったのかをじっくり話を聞き、できるだけ早い時点で「必要な相続手続きを放置すると後々まで影響が出てくるので、皆さんの世

代できちんと処理されてはいかがですか」と助言している。

なかでも難しいのは遺産のほとんど、あるいは全部が不動産という場合。例えば相続人の中の１人が不動産を取得し、他の相続人は代償金を受け取る場合に金額の折り合いがつかないケースがある。あるいは不動産が農地や山林で誰も欲しがらなく、相続が進まない場合がある。ちなみに、不動産が農地や山林の場合、その相続登記の申請は司法書士が担当するが、行政書士は、農地や山林の取得について、農地法や森林法に基づく届出手続きを担当することができる。また遺言書作成・執行において意外な障壁になるのが、「死」を連想することによる心理的な忌避感だ。しかし遺言は自分の死後、意思をはっきりと伝えられる唯一の方法と言ってもいい。だからこそ自分の意思がしっかりしているうちに専門家の助言を得た上で納得のできる遺言の作成を宮本代表は強く勧める。

相続遺言セミナーで積極的に啓蒙活動を続ける

「過去に親族が遺言執行者になったものの、ご本人は相続に関わりたくないということで遺言が執行されずに2年ほど経過してしまった例がありました。結局、相続人全員が合意した上で遺言書と違う形で相続手続きをしましたが、亡くなった被相続人はせっかく遺言書を公正証書にまでされたのに…と思うと、ご本人の希望が実現されなかったことにすっきりしない気持ちが残りました」と述懐する。

「なかなか教科書通りにはいかないもので、状況に応じて柔軟に対応していかなければいけません。だからこそ専門家としての責任の重さを常に意識しています」

超高齢社会の進展でニーズが増大する相続・遺言・後見人

依頼者と同じ目線で納得の解決に向け共に歩む

相続・遺言、任意後見などの悩みを抱えて相続しあわせ相談室を訪れる依頼者の多くは、とにかく話を聞いてほしいという切迫した状態にある。そんな依頼者に対し宮本代表が常に心がけているのが、最初はとにかく「聴く」に徹することだ。

「高齢者の方は同じ話を繰り返されることもあるので時間がかかりますが、傾聴の姿勢は崩しません。そうやってある程度聞いた後で注意点をお伝えし、依頼者様に問題意識を持っていただきます。何を解決したくて相談に来られたのかをしっかり把握して、最善の解決策を提案していきます」

宮本代表は事務所を法人化することを考えている。法人として案件を受けることで、組織として対応することが可能になるからだ。

「例えば遺言執行において依頼者様と私の年齢が近い場合など、本当に私が対応できるのかという懸念も、若い人と一緒に組織として対応することで解消できます」さらに令和3年から、宮本代表は家庭裁判所と簡易裁判所で、家事・民事の調停委員としても対応することになった。

「家事の場合は離婚や遺産分割で民事は債権問題などです。今の業務と関係する部分もありますし、いい経験になると思ってお引き受けしました」

加速する日本の超高齢社会で、相続・遺言や後見人におけるニーズは今後さらに増加すると見られる。「家庭の安心」に軸足を置き、依頼者と同じ目線で問題解決に奔走する宮本代表に行政書士の神髄を見る。

PROFILE

宮本　秀樹（みやもと・ひでき）

昭和 49 年福岡県生まれ。
平成 8 年西南学院大学経済学部卒業後、株式会社大栄総合教育システムに入社。簿記講師として勤務した後、平成 11 年に海上自衛隊に入隊。同 26 年に行政書士試験に合格し、同 28 年に行政書士登録。同年、「行政書士事務所相続しあわせ相談室」を開業。

【所属・活動】


長崎県行政書士会相続等財産部会長。長崎県行政書士会大村東彼支部企画担当。

一般社団法人コスモス成年後見サポートセンター長崎支部会員。大村商工会議所会員。

大村市立竹松小学校 PTA 本部顧問。大村市 PTA 連合会副会長。大村市少年補導委員。

竹松小学校区青少年健全育成協議会運営委員。

毎月 1 回、FM おおむら（76.3MHz）の番組出演中。

INFORMATION

行政書士事務所　相続しあわせ相談室

https://www.souzoku-siawase.jp/

所 在 地

〒 856-0808　長崎県大村市黒丸町 197 番地 5
TEL　0120-13-0949　FAX　0957-47-8399

アクセス

JR 竹松駅から車で 10 分
大村 IC より車で 15 分

設　　立

平成 28 年 5 月

業務内容

遺言書作成、相続手続き、任意後見・見守り、離婚、会社設立・許認可申請サポート、農地転用許可申請サポートなど

理　　念

家庭の安心こそ人生の基盤である

地域に寄り添う、身近な街の法律家

生前からの相続対策で
クライアントの
人生をサポート

田幡FP・行政書士事務所
代表　行政書士
田幡　悦子

相続はお金の問題に加え、相続人の感情も
汲みとって進めることが、円満解決に繋げる
重要なファクターになります

第1次ベビーブーム（1947〜1949年）に生まれた約800万人の「団塊の世代」が後期高齢者の75歳となる2025年を境として、日本の超高齢社会は一層加速し、医療、福祉、雇用、経済など社会全体に大きな影響を与える事態が訪れる。

なかでも多くの高齢世代が直面するのが財産処理の問題。そして経営者の場合は事業承継の問題が喫緊の課題となってくる。

こうした中で埼玉県内を業務エリアに、遺言や成年後見に力を注ぎ、生前対策のスペシャリストとして精力的な活動を行っているのが田幡FP・行政書士事務所代表の田幡悦子氏だ。

行政書士として会社設立手続きや建設業を中心とした各種許認可を業務の柱とする一方、ここ数年、遺言や成年後見の相談・依頼が多く寄せられ、顧客の切実なニーズに応えて日々奮闘している。

田幡代表は「生前の対策をおろそかにすると、遺産を巡って残された家族同士で争うケースが多く見られます。肉親同士で争わないためにも、早めに私たち専門家に相談してほしい」と声高に呼びかける。

「法律で悩む人が気軽に相談できる場を」と独立開業

セミナーや多彩な地域貢献活動を精力的に展開

現在多くのクライアントからの依頼を受けて多忙を極める田幡代表だが、独立して事務所を開設したのは平成15年。独立までの11年間は、法律事務所のパラリーガルとして活動してきた。

JR浦和駅近くにある事務所

「世の中には法律問題に関して悩んだり苦しんでいる人が大勢いますが、弁護士をはじめとした法律の専門家へアプローチするまでのハードルが非常に高いことを私はパラリーガル時代に実感しました。法律について悩み苦しんでいる人が気軽に相談できる場を自分の手で作ってみたい。その一心で独立を決意しました」

こう振り返る田幡代表は、地域住民にとっての身近な街の法律家になるべく行政書士を目指した。そして資格取得後すぐに地元の埼玉で独立開業した。

場所はさいたま新都心のインキュベーションオフィスで、パーテーションで区切られた小さな空間が、田幡代表の最初のオフィスとなった。

「当時同じフロアには、起業して間もない若い経営者や士業家の方々がたくさんいて、フロア全体が希望に満ち溢れ、熱気に溢れていました。私も周りの方々に負けていられないと張り切っていましたね」

新進気鋭の起業家同士が、時には仕事を紹介し合い、情報交換などを行いながら切磋琢磨を続けた。田幡代表もこうした環境の中で成長し、人脈作りに励み仕事の幅をどんどん広げていった。

こうしてクライアントや士業仲間と親密なネットワークを築くなど、順調な事務所運営を続けてきた田幡代表は、本業の傍ら、様々な地域貢献活動も併せて行ってきた。埼玉県創業ベンチャー支援センター専門アドバイザーとして、会社設立に関するセミナーをこれまで100回以上。埼玉県農業法人スペシャリストとしての顔も持ち、多彩なイベントや相談に応じ、その件数も優に100件を超える。

さらにNPOさいたま起業家協議会の理事、副理事長。NPOエコシステムさいたまの理事といった役職もつとめあげてきた。

「今後も地域の発展のために微力ながら、お役に立てることがあれば積極的に恩返ししていきたい」

これまでの受任件数は3500件超

遺言立会証人となったのはおよそ900件にのぼる

事務所開設以来、田幡代表は相続・遺言・成年後見の案件を数多く扱ってきた。これまでの受任件数は3500件を超え、公証役場での遺言立会証人となったのは900件にのぼる。

「公正証書遺言に関わる相談や依頼はここ数年非常に多く寄せられるようになりました。生前に遺言を書かれる方が増えていることを実感します」

公正証書遺言とは、遺言者が公証人へ口頭によって遺言の内容を伝え、それに基づいて公証人が遺言書を作成するというもの。家庭裁判所での検認が不要で、利害関係者ではない第三者が証人となって遺言書を管理することから、遺言が無効になったり偽造されたりといった可能性も極めて低い。

「遺言は、死後に財産を自分の意思に従って分配するためには必ず必要なものです。例えば『親族じゃないがお世話になったから財産を残したい』、『親族には財産を渡したくないから財団に寄付したい』。こういった相続は遺言なしでは絶対に不可能です」

他にも遺言書があれば、相続が発生した時点で銀行口座の解約や不動産の移転登記を行うことができるなど、様々なメリットがある。

遺言の内容は、個々の財産状況などによって変わるため千差万別。また、遺言書を残す人は高齢者のみならず「若い人もいらっしゃいます」と田幡代表。「例えば海外派遣の決まった自衛隊の方や、ＡＬＳ（筋萎縮性側索硬化症）などの難病を患っている方などです。皆さん切実な想いで遺言を残される方々ばかりで、こちらもしっかりと役目を果たさなければという気持ちになります」

クライアントの生活を支え、財産を守る成年後見制度

クライアントの人生を背負う大変な仕事

田幡代表はこれまでに、クライアントや地域住民からの依頼で「人生１００年時代の不安と老後」、「終活セミナー　争続から想族へ」といったテーマのセミナーを幾度となく行ってきた。これらのセミナーで出てくる制度に「成年後見」というものがある。これは、本人の代わりに、後見人となった者が財産の管理や各種の契約行為などを行うことができるもので、超高齢社会の現在大きな注目を集めており、利用者も増えている。

田幡代表自身も依頼を受けて後見人として被後見人を支える業務を行っており、現在も何人かの

クライアントをサポートしている。

「遺言は判断能力があって意思表示ができる人が行いますが、成年後見は主に意思表示ができない人を対象としています。例えば認知症などにより、自身で正常な判断ができなくなってしまった人が有する財産を、成年後見人が不当な契約から守ることができます」

成年後見には法定後見と任意後見の2つがあり、法定後見の場合は行政からの依頼で後見人を引き受けることとなる。「どちらも一旦引き受ければ、その方が亡くなるまで面倒を見ることになりますので、相性はとても重要です」

平成29年には、田幡代表が長年支えてきた被後見人が亡くなり、悲しい別れを経験した。「老人ホームを一緒に探して入居の手続きもさせて頂くなど、自分にとって家族のような存在だったので、亡くなった時はショックでした。葬儀や納骨、最後に相続人への財産分与を行い、完結しましたが、成年後見はその方の人生を背負う大変な仕事だなと改めて思いました」

こう述懐する田幡代表だが、「ご本人や相続人の方から感謝の言葉を頂いたときは、本当にやりがいを感じますし、引き受けて良かったと実感します」と充実した表情を浮かべる。

相続全般の仕事は他の士業とチームワークで対応
相続はお金の問題に加え、相続人の気持ちも重要なファクターに

田幡代表のもとには、遺言や成年後見をメインに、相続関係の相談・依頼が多く寄せられる。

被相続人が亡くなった後に発生する相続手続き全般の仕事を手掛ける際には、田幡代表が

終活に関わるテーマも精力的に行っている

信頼を寄せる他士業の専門家とチームを組んで解決にあたる。

「連携する弁護士、司法書士、税理士の先生方とともに、2年がかりで解決できた事例は特に印象に残っています」

ある子供のいない夫婦。先に妻が亡くなり夫もすぐに亡くなった。亡夫の姉の子供（夫から見た甥っ子）からの依頼で田幡代表は相続の仕事を請け負った。

「葬儀から自宅の遺品整理など死後事務をすべて行った依頼者である甥と亡夫の姉である母から生前には『財産を全て姉に渡す』と言っていました。しかし遺言書はなく口頭のみだったので、夫の意向を実現するには相続人全員からの承諾が必要でした」

相続人確定調査の結果、相続人が夫の亡兄弟の子供たちで計10人と判明。これらの甥姪たちはこの夫妻とも全く親交のなかった相続人。「相続人全員との遺産の配分を巡る折衝は、調停の場へと発展、本当にタフな仕事になりましたが、最終的には全員が納得し、無事に相続を完結することができました」

こうした相続の事案を通して田幡代表は、「相続はお金の問題に加え、相続人の感情も汲みとって進めることが、円満解決に繋げる重要なファクターになります」と話す。

また相続の案件を手掛けるには、「関連する様々な制度を把握し、利用していくことも非常に重要」とも。例えば相続税の期限内納付での遺産預貯金の払い戻し請求制度や、法定相続情報の活用、法務局の遺言書保管制度など、手続きを進める上で有利になる制度がいくつも存在する。「これらの制度を個々のクライアントの状況に即して最適な形で活用していきます」

「周りに感謝」。人の縁に恵まれた20年

開業以来続けるニュースレターはクライアント同士の繋がりの場に

独立開業から20年近くが経過。様々な経験を通して、士業家として、また一人の人間としても大きな成長を遂げてきた田幡代表だが、「ここまで順調にやってこられたのは、周りの方々の支えのおかげ。人の縁に恵まれた20年だったとつくづく思います」

こうしみじみと話す田幡代表が独立以来ずっと続けているライフワークがある。それが「ニュースレター」の発行だ。「クライアントの皆様向けに、お勧め図書の紹介や、弊所の業務案内、各クライアント様の事業紹介など、有益な情報発信を定期的に行ってきました」

ニュースレターはクライアントに好評で、これがきっかけで仕事やセミナー依頼が寄せられたり、クライアント同士の取引が生まれるきっかけにもなったという。

「クライアントと親しく繋がりたい」という想いから誕生した田幡代表オリジナルのニュースレター。人と人との縁を大事にする彼女ならではの取り組みだが、その姿勢はもちろん今も変わらない。

そんな田幡代表に、今後のビジョンを伺うと、「事務所を大きくしたいという想いはさらさらあ

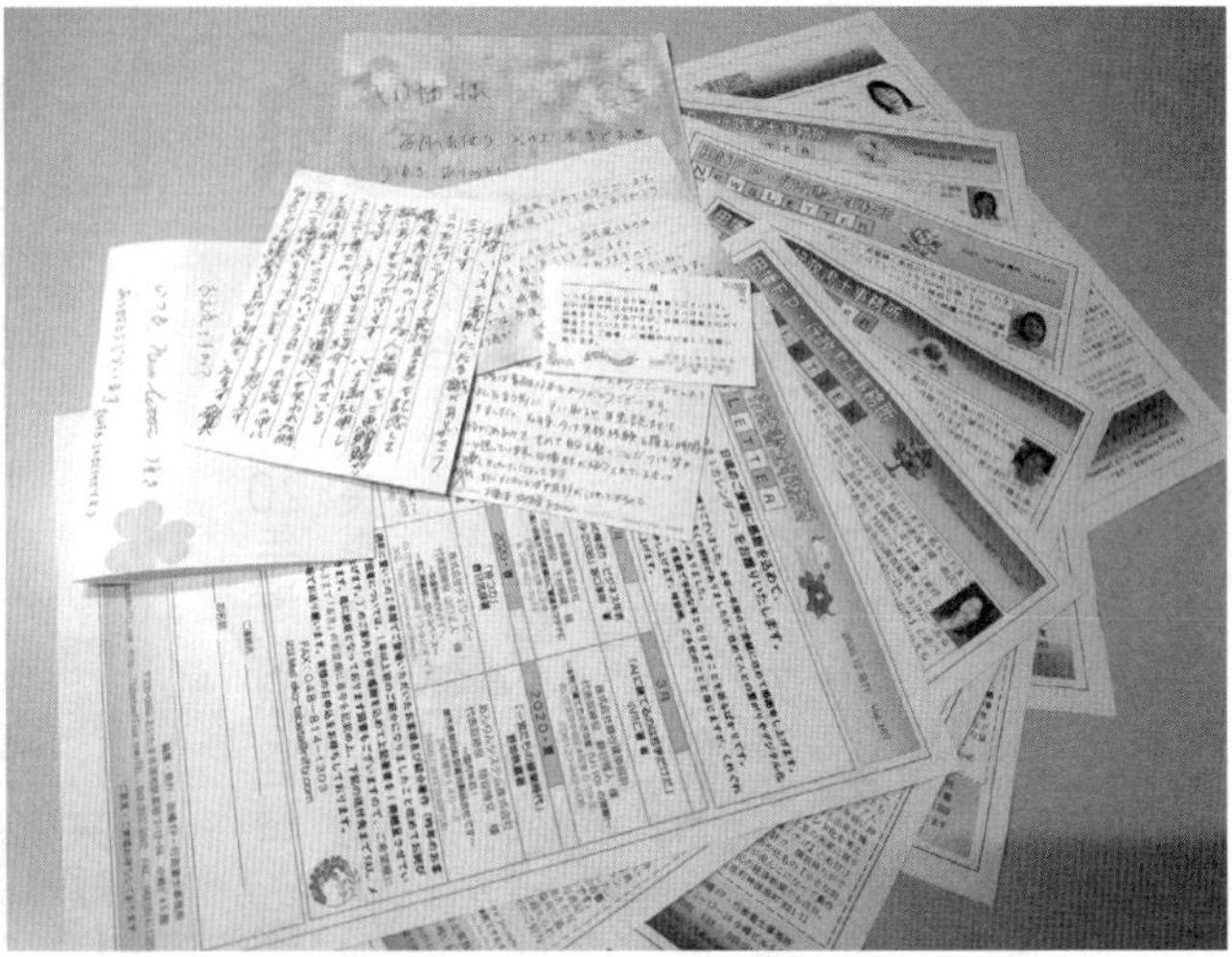

田幡代表が定期的に発行しているニュースレターと
クライアントからの礼状

りません」ときっぱり語る。

「地元に密着し、地域の方々が法律に関わることで少しでも悩みや不安があれば一番に声をかけて頂ける。そんな存在になることが私の目標です」

地域貢献活動への誓いを立てて前を見据える田幡代表は、「近い将来介護を行う人同士が情報交換できるサロンのような場を作りたい」という構想をもつ。

「私自身仕事をしながら母の介護を5年ほど続け、介護をする側の苦労を実感しました。また介護は大変であるにも関わらず、周りに相談できる人がおらず、孤立して悩んでいる人も大勢いらっしゃることも知りました。そんな方々をサポートする場を今後ＮＰＯの組織として作っていけたらと考えています」

親の介護の先に相続の問題が出てくる人も少なくない。田幡代表は行政書士、ＦＰ、福祉住環境コーディネーター、終活アドバイザーという多彩な資格に裏付けされた豊富な知識と経験を総動員し、予防的な観点から地域住民の生活を今後も力強く支えていく。

PROFILE

田幡　悦子（たばた・えつこ）

埼玉県出身。大学卒業後、海外営業・秘書業務など民間企業の OL を経て、国際法律事務所で 11 年間 M ＆ A、合弁契約、民事訴訟などの業務を中心にパラリーガルとして勤務。これまでの経験を活かし、平成 15 年に田幡 FP・行政書士事務所を開業。

行政書士。ファイナンシャルプランナー。


【所属・活動】

NPO さいたま起業家協議会。日本ファイナンシャルプランナーズ協会会員。福祉住環境コーディネーター・終活アドバイザー。さいたま商工会議所会員。埼玉県農業経営法人化推進スペシャリスト。コスモス成年後見サポートセンター会員。

著書に「SOHO 起業家として生きる－明日の地域経済を拓く元気な挑戦者たち」（海文堂）がある。

INFORMATION

田幡 FP・行政書士事務所

https://www.tabataoffice.com/

所 在 地

〒 330-0062　埼玉県さいたま市浦和区仲町 2-5-1
ロイヤルパインズホテル B1　Mio 浦和 104 号
TEL　048-851-5092　　FAX　048-814-1303

アクセス

JR 浦和駅西口から徒歩 8 分

設　　立

平成 15 年 4 月

業務内容

・法人向け＝、法人設立をはじめとする各種の許認可申請や各種登録、契約書作成業務
・個人向け＝ライフプランニングの見直し等、遺言・相続・成年後見など

経営方針

『感謝』

モットー

〝安心・確実・迅速〟

独自の視点で中小企業経営を支える総合コンサルタント

血の通った事業承継で100年続く経営をワンストップ支援

TOMA100年企業創りコンサルタンツ株式会社
代表取締役社長
藤間　秋男

セオリーありきではない、〝絆〟を大切にした
血の通った事業承継をお手伝いします

血の通った独自の事業承継を実現する事業継承チーム

将来ビジョンや人間関係を重視し、絆を大切にした後継者の育成支援

新型コロナウイルスの感染拡大の長期化によって、経済・社会活動の停滞を危惧する声が喧しい。企業の倒産・休廃業の増加に対する懸念が高まり、改めて事業承継を巡る問題が大きく注目されている。政府も世代交代に伴う中小企業の成長を促進する施策のほか、税制面の優遇措置や第三者承継の促進など事業承継への支援体制を強化している。

それにも関わらず令和2年度のデータでは後継者難による倒産が354件（前年度比10・9％増）と過去最多を記録した。さらに休廃業・解散は4万9、698件発生しており、このうち黒字企業は全体の6割（61・5％）を占めた。（株式会社東京商工リサーチ調べ）これらのデータから、黒字経営であっても事業承継や後継者問題が会社存続の大きなリスクになっていることがわかる。後継者難の原因として少子高齢化の進展という社会背景と共に、子供に事業を引き継ぐ意思がないこと。また社内の人材難が挙げられる。経営者に取っては避けて通れない頭の痛い問題だが、日々の忙しさに追われて対応をずるずると先延ばしにしているケースが多く、それが事業承継を一層難しくしている。

「事業承継は大切だが何から手を付ければいいのか」と悩む経営者に向けて、〝永続企業づくり〟をコンセプトにトータルで事業継承コンサルティングを行っているのが、藤間秋男代表が率いるTOMA100年企業創りコンサルタンツ株式会社である。

TOMA100年企業創りコンサルタンツ株式会社

広々とした清潔な受付で、
クライアントの悩みをワンストップで解決

事業承継対策といえば会社の売却、合併・吸収やM&Aなどがよく知られているが、藤間代表は従来のセオリーに拘らず、最善と思われる自らの判断に基づいて真っ向から勝負を挑んできた。

「私はずっと家族や社員との〝絆〟を大切にした後継者探し支援・育成支援に努めてきました。子供や身内、あるいは社員の中から資質のある人材を見出して、血の通った事業承継のお手伝いをしています」

こう語る藤間代表は、30代で独立して文字通り机一つから事業を始めた。現在の総合コンサルティングファームを築いた藤間代表は、公認会計士、税理士、中小企業診断士、行政書士など多くの顔を持ち、かつTOMAグループを束ねる経営者として活躍している。藤間代表の幅広い視野と豊富な経験、卓越した発想力は事業承継の業務においても遺憾なく発揮されている。その一つが、一般的に定石とされるセオリーやノウハウに左右されない独創的な発想に基づくコンサルティングだ。

「事業承継や経営者の相続手続きでは、普通税理士はまず節税ありきで話を進めがちです。しかしそれがそもそも間違いです。そんな小手先の方法ではなく、今後会社の経営をどうしていきたいのか、家族はどうあってほしいかといった〝将来の在り方〟を、クライアントとしっかり話し合うべきなのです」

事業承継の対策は、経営者が希望する将来ビジョンや、経営の現状、後継者に求める素養や人材選びの不安など、企業の数だけあるといっても過言ではない。そのため、まずは顧客としっかり向き合い、じっくりと話を聞く。そして「最良の施策を考え抜き、丁寧にメリット・デメリットを説明した後で初めて節税対策などの話を進めていく」と藤間代表は語る。このように労力も時間も十分かけてTOMA100年企業創りコンサルタンツ独自の施策を打ち出して経営をサポートしているのが、母体のTOMAコンサルタンツグループ株式会社の専門部隊約50人の事業継承チームだ。このチームは事業承継や相続の案件に絞って、その内容と対策を考える対策会議に最も力を入れるプロフェッショナル集団なのだ。事業承継において藤間代表が特に重要だと考えているのが後継者の決定だが、「それが一番難しい」と頭を抱える経営者は多い。しかし後継者を育てることが企業の安定につながり、かつ顧客への最大の貢献となる以上、いつまでも先延ばしにしていい問題ではない。

「誰もが名前を知る外食チェーンの創業者が、経営者として最も幸せだったのは業界最大手になったことでも上場したことでもなく、『安心して経営を任せられるいい後継者に恵まれたこと』という言葉は印象的です。会社が長く存続すること、家族が仲良く暮らすこと、これが最も大切なことです」

経営、税務会計、人事労務などの総合コンサルティング会社へ成長

「100年続く企業を」との想いからTOMA100年企業創りコンサルタンツ設立

藤間代表は、東京都目黒区に生まれ、永田町小学校から麹町中学校、そして慶應義塾高等および大学へと進んだ生粋の江戸っ子だ。曾祖父は現在の司法書士の草分け的存在で、TOMAコンサルタンツの礎となる事務所を設立した。その後継者となる藤間代表は、父の背中を見ながら「いずれは自分が跡を継ぐだろう」と思っていた。大学3年の時に父から「お前は公認会計士

TOMA100年企業創りコンサルタンツ株式会社

藤間代表の著書

になれ」と言われた。その後藤間代表は24歳で公認会計士資格を取得し、監査法人勤務を経て昭和57年に、藤間公認会計士税理士事務所を開設。そしてＴＯＭＡコンサルタンツグループを経営、税務会計、人事労務、ＩＴコンサル、国際部などの総合コンサルティング会社へと成長させた。会社の開設当時から決算業務より事業承継の業務に強く惹かれた藤間代表は、早くから事業承継分野の開拓に力を注いでいった。今日事業承継は大きな注目を集めているが、藤間代表の先見の確かさを知る。

藤間代表は平成24年にＴＯＭＡコンサルタンツグループ株式会社、ＴＯＭＡ税理士法人などを設立。同25年にはＴＯＭＡ監査法人、ＴＯＭＡ行政書士法人を設立。そして平成29年、創業35周年を機に事業承継を行ない、ＴＯＭＡコンサルタンツグループ社長を市原和洋氏に引き継ぎ、自らは会長に就任した。そして中小企業の１００年企業創り・後継者づくりをワンストップで支援するＴＯＭＡ１００年企業創りコンサルタンツ株式会社を設立し、代表取締役に就任した。ＴＯＭＡ１００年企業創りコンサルタンツというユニークな社名について藤間代表は、「当社と契約したその日から１００年続く企業創りをお手伝いするという想いが込められています」と説明する。

「そのまま司法書士となって父の跡を継げば楽な人生だっただろうと思いますが、今の方が自分に向いていると思います。『やってみたい』と思ったことはすべて実現したい質なので」と藤間代表は磊落《らいらく》に笑う。このバイタリティとフットワークの軽さこそ藤間代表の魅力だ。事業承継を専門にする藤間代表は、自社の事業承継では社員に譲るという方法をとった。

「子供が跡を継がなかったので選択肢は社員に譲るかM&Aかの2つでした。実は大手会計事務所からM&Aの話が持ち込まれていました。『売ったらお金持ちになれるぞ』との想いがチラッと覗きましたが、結局社員たちに残す道を選びました」と笑う。近年、事業承継の方法として人気のあるM&Aは、後継者候補を効率的に探すことができ、株式対価を得られて連帯保証などを外せるというメリットがある。しかし必ずしも当初の思惑通りに事業承継できるとは限らない。

「オーナーの私だけが満足して、後はどうにでもなれというのは、これまで一緒に頑張ってきた戦友である社員たちに対して失礼だと思いました」と述懐する。

「後継者は社員から惚れられる人物を選ぶべき」

事業承継では土地を会社に買い取ってもらうことがお勧め

多くの経営者の頭痛の種である後継者選びについて藤間代表は、徳川家康の「家来というものは禄でつないではならず、機嫌をとってはならず、遠ざけてはならず、近づけてはならず、怒らせてはならず、油断させてはならぬものだ。家来はな、惚れさせねばならぬものよ」という言葉を例に挙げる。藤間代表自身も「社員から惚れられる人物を選ぶべき」という家康の格言に沿った形で後継者を選んだという。後継者を選ぶに際して藤間代表は3年連続で社員に『誰に社長になってほしいか』とアンケートを行った。その結果「最も面倒見が良く、多くの社員に慕われていた市原和洋氏を、私の後継者としてTOMAコンサルタンツグループの社長に選びました」と振り返る。

クライアントから、「能力は社内で最も高いが人望がない社員を選んでいいだろうか」という質問に対しては、「やめた方がいい」と藤間代表は即答する。

「人は能力ではなく人についていくので、能力の差に惑わされず、高潔な人格を持つ社員を後継者にすべきです」と言い切る。サラリーマンと異なり、経営者は相続の際に解決しなければならない課題がある。その1つが土地や株の問題だ。経営者自身が土地を所有して会社に貸し出しているケースが多い。これに対して藤間代表は、「私なら会社がその土地を買い取り、その資金を株を分けてもらっていない兄弟姉妹に分配するという形にします。少々無理をしてでも会社が買った方がいい。税金は20数%かかりますが、遺留分をどうするかでもめる恐れがありますから」と説明する。

また株で最も大切なのは兄弟姉妹間でばらけさせず、後継者1人に集中させることだと藤間代表は指摘する。株を所有する兄弟姉妹と後継者との間で意見が割れたとき、全体の2/3（67%）を後継者が持っていなければ特別決議ができないからだ。

事業承継の形として注目される「ホールディングカンパニー」

事業承継を行っても子会社の株式が分散する恐れがない

特別決議というのは、株主総会において発行済株式総数の過半数にあたる株式をもつ株主が出席し、その議決権の2/3以上の多数で行なわれる決議を指す。定款変更、解散、合併、営業全部の譲渡など、特に重大な事項について行なわれる。藤間代表自身は3年前に同社の株を1

／3（35％）保有し、残りの65％は同社10人の役員の持株会にしたという。「もし私が『バカ野郎、俺の命令を聞け』とでも言おうものなら株主総会でクビにされます（笑）。それでいいんです。会社はみんなのものですから」

また藤間代表は、「このやり方だと次の代に相続問題が起きません。私は1／3の株を会社で持っていますが、これが子供たちに渡っても特別決議で否決する以外何もできません。次の代は10％ずつ持った役員のメンバーの中から選ばれていくので民主的です」

事業承継において日本でも屈指の知見を持つ藤間代表が、事業承継の形として注目しているのが「ホールディングカンパニー（持株会社）」だ。他の関連会社の株式を保有することにより、その株式発行会社の事業活動を管理・支配する会社を指す。わかりやすく言えばある会社の株を持ち、その下に100％出資子会社を作り社長を優秀な社員に任せるというやり方だ。社員が結託して不正を働かないよう内部統制を行う必要はあるが、事業承継を行っても関連株式が分散する恐れがないのが大きなメリットだ。

企業を永続させることが最大の顧客サービス

事業継承をライフワークに精力的に活動を続ける

藤間代表は経営者が遺言を作成する際、必ず不測の事態が起こった場合のことを念頭においてほしいと訴える。

「私は既に遺言を作成していて、『TOMAコンサルタンツグループの経営者に協力すること』『兄

TOMA100年企業創りコンサルタンツ株式会社

弟で仲良く事業すること』『司法書士事務所は続けていくこと』などを記載しています」

法的な効果は期待できないものの、経営者の想いが言葉として残っているインパクトは強い。

「TOMA100年企業創りコンサルタンツはまだまだこれから」と前を見据える藤間代表。一般に企業生存率は約30年と言われるが、「最大の顧客サービスは企業の永続」を信念とする藤間代表に100年続く企業はどうすれば創れるかを聞いた。

TOMAコンサルタンツグループの精鋭スタッフ

「後継者を作ることが長寿企業の基本ですが、それ以外に〝これしかできない〟という企業にならないことも大切です。現在の柱となっている事業以外に、常に第二、第三の柱を探しておくことです」と明快に語る。

藤間代表は日本に名だたる老舗企業を取材し、どうすれば長寿企業になれるのかをまとめた書籍を出版した。会うこと自体が難しい老舗企業の経営者が取材を快諾するのも、事業承継に造詣の深い藤間代表だからこそだ。足を運んで実例を見聞きした上での『長寿の秘訣』は、他を圧倒する説得力を持つ。またホームページにそれらの事例を解説した動画を次々とアップするなど精力的な活動を続けている。

今後TOMA100年企業創りコンサルタンツでさらに新しいビジネスを立ち上げる構想があり、3年後にはニューヨーク進出を予定していると楽しげに語る藤間代表。日本とアメリカのビジネスの架け橋を目指すという。とどまることのない情熱を漲らせ、「事業承継はライフワーク」という藤間代表は、これからも日本が世界に誇れる老舗企業を育む支えとなり続ける。

PROFILE

藤間　秋男（とうま・あきお）

昭和27年東京都目黒区生まれ。同50年慶應義塾大学商学部卒業。翌51年に公認会計士資格を取得、大手監査法人勤務。同57年藤間公認会計士税理士事務所開設（現・TOMA税理士法人）。平成24年TOMAグループ　ホールディングカンパニー化　代表取締役社長。同29年TOMAコンサルタンツグループ株式会社　代表取締役会長。同30年TOMA100年企業創りコンサルタンツ株式会社設立、社長就任。

【所属・活動】

公認会計士。税理士。中小企業診断士。行政書士。賃貸不動産経営管理士。
AFP（日本FP協会運営のフィナンシャル・プランナー資格）。登録政治資金監査人。
M ＆ A シニアエキスパート。終活ガイド2級。

INFORMATION

TOMA100年企業創りコンサルタンツ株式会社（TOMAグループ）

https://toma100.jp/

所　在　地

〒100-0005　東京都千代田区丸の内1-8-3
丸の内トラストタワー本館3階
TEL　03-6266-2559　FAX　03-6266-2554

アクセス

JR東京駅　八重洲北出口徒歩2分、日本橋出口から徒歩2分
東京メトロ大手町駅　B7出口から徒歩2分
東京メトロ日本橋駅　A3出口から徒歩4分

設　　立

平成29年（TOMAグループ　明治23年）

業務内容

中小企業の100年企業創り・後継者づくりの支援
税務・会計監査、相続・事業承継、組織再編・M ＆ A、経営・財務・起業再生、人事・労務、登記・行政手続き、医療・公益・非営利法人コンサルティング、不動産コンサルティング、業務改善・IT活用、国際税務・海外進出ほか。

経営理念

『明るく・楽しく・元気に・前向き』な
TOMAコンサルタンツグループは
本物の一流専門家集団として
社員・家族とお客様と
共に成長・発展し
共に幸せになり
共に地球に貢献します。

相続手続きで圧倒的な存在感を放つ行政書士事務所

年間約1000件の依頼を扱う相続のスペシャリスト

行政書士法人 中村事務所
代表 行政書士
中村 修一

相続の手続きは全て私たちにお任せ頂き、
お客様にはご供養に専念して頂きたい

両親や配偶者など、身近な人が亡くなった時にやらなければならない手続きはかなりの数に上る。その一つが相続だ。被相続人（亡くなった人）が所有していた不動産や銀行口座の名義変更など、相続において対応すべき手続きは多種多様で、その手続きには一定の手順と期日があるため、専門知識なしで対応するのは非常に困難といえる。

こうした煩雑な手続きを「交通整理」し、相続全般の頼れるナビゲーターとして活躍しているのが、行政書士法人中村事務所の代表を務める中村修一行政書士だ。平成29年の設立以来、相続手続、遺言作成支援、遺言執行などの相続業務に注力してきた中村代表は、現在年間1000件ほどの相談・依頼を受け、愛知県内の相続手続きの分野で確固たる地位を築き上げている。

「相続の手続き、遺言執行などの業務を通してこれまで多くの遺言書に携わってきました。ちょっとしたミスでせっかくの遺言書が使えなかったことも度々ありました。私たちはこれまでの知識と経験を生かしクライアントに寄り添って、確実かつスムーズな相続手続きをお手伝いしています」と中村代表は誠実さをにじませて語る。常に依頼者の立場になって親身に、細やかな心遣いで対応する中村代表を頼って今現在多くの依頼者が中村事務所に足を運ぶ。

愛知県下で相続手続きに特化して地域の信頼を得る

煩雑で難しい相続の悩みを一元化し顧客を力強く支援

中村代表が名古屋市で行政書士法人中村事務所を開業したのは平成29年のこと。元々は「相続支援センター」という会社のオープニングスタッフでもあり同社で勤務していたが、「平

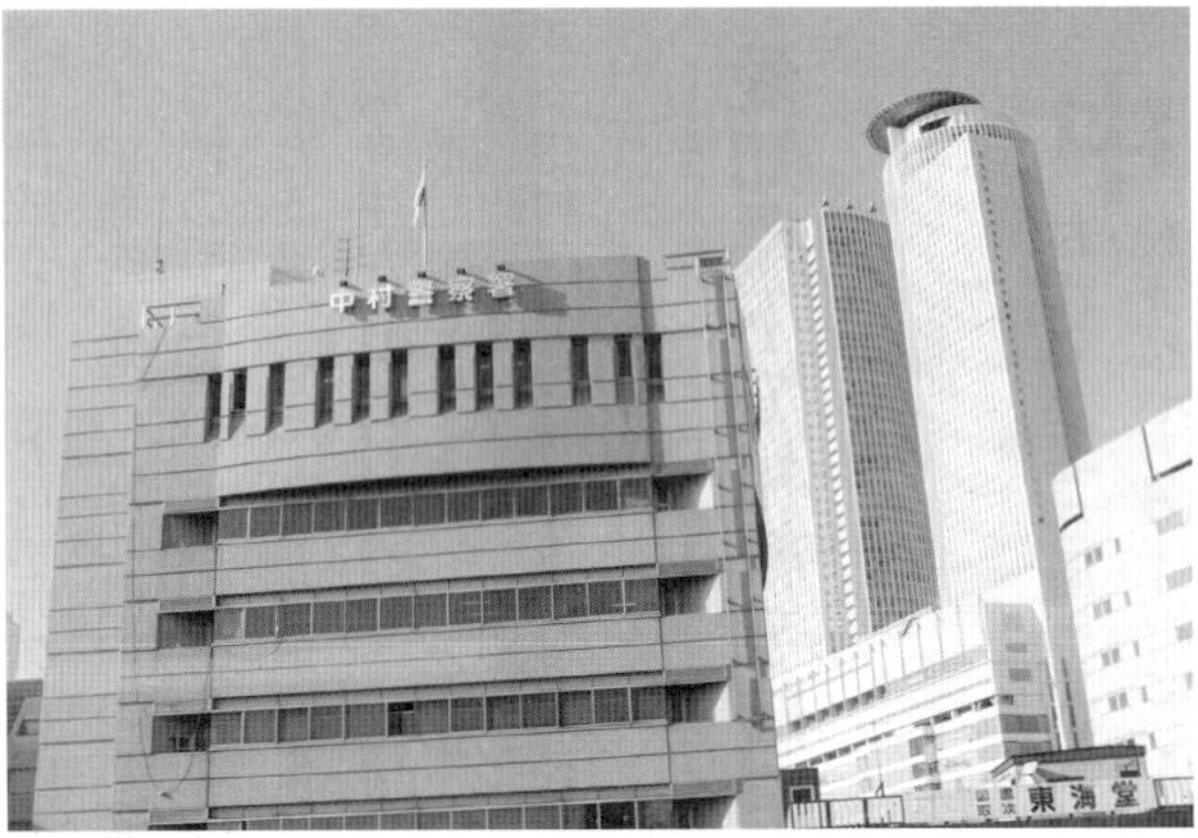

名古屋駅から徒歩数分の場所にある名古屋オフィス
（写真は事務所向かいの中村警察署）

成23年に相続支援センターを買い取って始めたのが現在の事務所です」と当時を振り返る。中村事務所が開業時から相続手続き一本で業務を続けているのはそのためだ。

相続に必要な手続きは、遺産分割協議書の作成や戸籍取得、相続登記、相続税申告など、実に１００種類以上にも及ぶ。そしてそれらの手続きは、行政書士をはじめ司法書士、銀行、保険会社、役所など様々な業者に連絡を取って進めなければならない。

そもそもどんな手続きが必要なのか、どれをどこに依頼すればいいのか、専門知識を持たない人が必要な全ての手続きを把握するのは非常にハードルが高い。さらに対応に膨大な時間がかかり、かつミスをすることも多い。中村事務所はこうした手続きにおいて行政書士が手がける分野はもちろん、司法書士や税理士、社会保険労務士などの士業と連携して、相続手続き全体を一元管理している。顧客が抱える「難しい」「時間がない」「面倒くさい」という悩みを一気に解決できるのが、中村事務所の強みであり大きな特長となっている。

「相談に来られたお客様と接する際は、私たちが各士業とお客様の通訳をするようなイメージで対応しています。専門用語が出てくることも多いので、その辺りを私たちが噛み砕きながら進めていきます。相続手続きは難しいのでは…と不安な方も、ぜひお気軽に安心してご相談ください」と呼びかける。

中村事務所では、最初の依頼から手続きの完了まで、相続税の申告がなければ最短で三カ月ほど。また相続税の申告がある場合は、相続税の申告時期（被相続人の死亡から十カ月以内）に間に合わせるため、およそ8カ月で完了できるように作業を進める。

営業エリアは名古屋・一宮・春日井・豊田・岡崎・豊橋など愛知県内がメインとなっている。その理由について中村代表は、「愛知県内で相続手続きのニーズが十分にありますし、顧客の身近にいた方が細やかな対応ができますから、無理に営業エリアを広げていません」と語る。徹底した顧客目線の対応と地域密着の姿勢が評判を呼び、年々相談・依頼が増えている。

「何もわからない」状態の顧客を懇切丁寧にフルサポート

豊富な経験と幅広い専門知識で、相続に関わるあらゆるニーズに対応

中村事務所では、「相続手続きにおいて何をどうすればいいのか全くわからない」といった状態の顧客を手厚く、懇切丁寧にサポートしている。遺言書の有無、不動産の分割、相続放棄、遺産の特定など、様々な疑問や悩みに全て対応する。

また、近年ニーズが増加している遺言書の作成に関して中村代表は、「遺産相続では法定相続よりも遺言による相続が優先されるため、生前に遺言書を作成し、遺産分割を明確にしておけば、相続トラブルを回避できるケースが多い」とアドバイスする。「弊所にもここ数年、遺言書作成の依頼が非常に増えています」という。

行政書士法人 中村事務所

遺言書には「公正証書遺言」、「自筆証書遺言」、「秘密証書遺言」の三種類があるが、中村事務所では「公正証書遺言」を勧めている。

「自筆遺言は記載の内容があいまいな場合に無効になったり、裁判所で手続きをせず開封した場合には五万円以下の過料に処せられるなど、トラブルや手間が発生することが多いのです」

公正証書遺言は、遺言者の真意を確かめるため、二人以上の証人の立ち会いのもと、公証役場で公証人に作成してもらう。

「遺言書をご自身で作成される際には、法的に無効な内容を記載してしまうことが往々にしてあります。折角苦労して作った遺言書が無駄になってしまわないよう、私たち専門家を頼って欲しいと思います」

また中村事務所は緊急時にのみ使用される「危急時遺言」にも専門的に対応している。

「危急時遺言」というのは、例えば余命幾ばくもない人が早急に遺言を残さなくてはいけない場合、あるいは病気・事故などで緊急事態となり、すぐに遺言書を作成しないと遺言者の生命が失われてしまう場合などに用いられる遺言だ。

「取り扱いが難しく、誰もが簡単にできる手続きではありませんが、弊所は多くの実績とノウハウを持っていますので、危急時遺言が必要となった際はすぐに対応させて頂きます」と中村代表。

相続に関わるあらゆるニーズに応える中村事務所は、リピーターになる顧客も少なくない。「例えばお父様が亡くなられてその相続の手続きをお手伝いすると、続けて『母の遺言作成もお願いしたい』とお声がけいただくことが多いですね。手続きの多さを実感されたり、対立まではいかなくても家族間で意見の相違があったりすると、遺言書の必要性を身に染みて感じられるからだと思います」

「相続手続きは全て任せて頂き、お客様はご供養に専念してもらいたい」

相続に関しては顧客はもちろん、金融機関からも頼りにされる存在に

「相続手続きに少しでも不安を感じている方は
お気軽にご相談ください」と中村代表は呼びかける

業務の手続きが全て終わり、顧客に必要書類などを返却する際、中村事務所では自分たちの対応、サービスについて依頼者にアンケートを記入してもらう。「アンケートはありがたいことに感謝のお言葉を頂けることが多く、それを見るたびに仕事に対して強いやりがいを感じます」と中村代表。

「大切なご家族を亡くされた依頼者様は深い悲しみの中にいらっしゃいます。その中で日常生活に戻るだけでも大変なのに、さらに相続の煩雑な手続きまで対応されるのはかなり酷なことだと思うのです」

中村代表を含むスタッフは、顧客に対して常に「相続の手続きは私たちにお任せいただき、ご供養に力を注いでください」と伝えているそうだ。こうした想いのこもったサービス提供に対し、感謝する顧客が非常に多い。

「こうした心を込めたサービスの提供も、私たちの強

みの一つだと思います」と中村代表は笑顔を浮かべる。

実際に顧客からは、「独居の母が亡くなった際、相続について何もわからない私たちに対し相談員の方が懇切丁寧にわかりやすく説明してくれ、家族全員一致で中村事務所にお願いすることになった。相続手続きを自分たちで行っていたら途方もない時間と精神的苦痛を味わっていたと思う」など、多くの感謝の声が寄せられている。

そんな、中村事務所にはもう一つの大きな強みがある。地元密着型の経営方針を打ち出しているため、愛知県内の金融機関からの認知度が高く、一部からはコンサルティングを任されるほど信頼されている点だ。相続手続きは銀行でも対応しているが、業務に万一間違いがあっては訴訟問題に発展しかねない。そこをクリアできるよう中村事務所が委託を受けてコンサルティングを行っている。

スタッフの成長を目指し、資格取得支援も積極的に推進

スタッフが働きやすい事務所環境に

常に顧客の気持ちに寄り添い、温かい対応に徹する中村事務所は、スタッフ同士の関係も非常に和やかだ。中村代表は法人に所属する全11名のスタッフがやりたいことにチャレンジできる環境づくりをいつも意識している。一宮オフィスに所属する高松行政書士は、「中村代表が私たちスタッフを信じて裁量を与えてくださっています。私たちの作業がタイトな時には、きちんとフォローしてくれるので安心です」と話す。また豊田オフィスの五藤行政書士は、「中村代表からは常々、『失敗から学べばいいので何事も恐れず挑戦することが大切』と言われています。自分

自身の成長にも繋がる色んな経験をさせて頂いています」と話す。

中村代表に、スタッフに求める資質を問うと「素直さ」という答えが返ってきた。知識や能力よりも、素直に顧客に向き合えるかどうかを最も重視しているという。

「相続に関する知識は入所後にしっかり勉強してもらえば問題ありません。持って生まれた長所も育ってきた環境もそれぞれ違いますが、自分の特長を生かしつつ相続や遺言に関する素養を吸収しながら成長していける人材を求めています」

中村事務所への入所の際、行政書士の資格はマストではない。入所後に資格取得を希望するスタッフも多く、事務所内では資格取得支援も積極的に行っている。

「開業以来、お客様のニーズを適確にとらえ、どうすれば最もお役に立てることができるかを考えてきました。そしてここ数年はスタッフが働きやすく、力を発揮できる環境づくりに注力してきました。今後もよりいい労働環境を整えていきたいと思います。例えば給与を上げる、お休みを取りやすくすることなどです。愛知県で最も働きやすいといわれる事務所にしていきたいと考えています」

コロナ禍でも守り続ける、顧客に誠実に寄り添う姿勢

「信は力なり」の想いを胸に、地元に根差し地域に貢献する

名古屋市中村区に開業以来、一宮、豊田、岡崎、豊川、豊橋と愛知県内で拠点を増やしてきた中村事務所は、令和3年10月に春日井にも事務所を開設。さらに今後は三重県、岐阜県にも展開していく予定だ。今現在世の中は、コロナ禍に伴って全ての企業が何らかの影響を受けて

スタッフ同士の絆やチームワークも
事務所の大きな特徴となっている

いるが、中村事務所も例外ではない。顧客と対面する機会が減り、オンラインで面談を行っている。このため、顧客からは「先生の表情がわかりにくい」という不安の声や、オンラインによるコミュニケーションの不具合からくる行き違いへの不満の声など少なからず上がっているという。

「相続はそもそも大切なご家族が亡くなり、お客様がナーバスになっていらっしゃる時期に行うものです。できればお会いしてお気持ちに寄り添いながらお話できればいいのですが」と懸念する。

こうした中で中村代表は、「コロナ禍でもできる限りの対応をしたい」と全ての事務所内に空気清浄機を設置し、危急時遺言で病院や介護施設を訪れる際はガラス越しの面会をするなど配慮は欠かさない。「ガラス越しであっても同じ場所、近い距離にいるかいないかで心境は全く違ってきますから」

学生時代にラグビーをやっていたという中村代表の座右の銘は「信は力なり」。ラグビーチームのように各メンバーが役割を担い、それを提供することで顧客に頼ってもらえる。そんな組織にしていきたいと瞳を輝かせる。超高齢化社会において相続はますます重大な問題となる。愛知県に根差す中村事務所の社会的使命はさらに重要性を増していく。

PROFILE

中村　修一（なかむら・しゅういち）

昭和46年生まれ。愛知県出身。
平成25年に行政書士に登録し、平成29年に行政書士法人中村事務所を設立。
相続の手続きにおいて1,000件以上の実績があり、遺言書作成支援、遺言の執行、時間と手間のかかる各種調査から手続きまで対応する。

【所属・活動】

愛知県行政書士会理事、中小企業家同友会。

INFORMATION

行政書士法人 中村事務所

https://naka-gyo.jp/

所在地

〒453-0801　名古屋市中村区太閤1-22-13
恒川ビル3階
TEL　052-462-8313　FAX　052-451-2264

アクセス

JR名古屋駅から徒歩4分

設　立

平成29年

業務内容

相続の相談・手続代行、遺言書作成支援・執行など

企業理念

一、私たちは相続の手続きを通じてお客様の安心を創造します
一、私たちは感謝の心を持ち続け喜びと豊かさを分かち合える企業を創ります
一、私たちは先人の想いを大切にし、心の通った社会の実現を目指します

地元・福岡の経済を支える老舗税理士事務所

相続、事業承継、資金調達など税務の枠を超えて活躍

原口税理士事務所

代表　税理士

原口　卓也

相談のタイミングが遅すぎて困ることはあっても、
早すぎて困ることはありません。漠然とでも
気になることがあれば気軽に弊所をお訪ね頂きたい

福岡市中央区。天神駅から10分ほど歩いたところにある原口税理士事務所。昭和50年の事務所開設以来、地域に密着し、多くの企業、個人の活動を支えてきた。今現在は１００を超える顧問企業を抱え、税務に加え、経営のコンサルタントや事業承継、また個人の相続案件なども手掛ける。長年の事務所運営で培ってきた経験や独自の人脈を駆使したサポートで、多くのクライアントから絶大な信頼を集めている事務所だ。

そんな人気の事務所を先頭に立って引っ張るのが、代表で税理士の原口卓也氏。平成30年に事務所を父から引き継いで以降も、自身のカラーを打ち出しながら事務所を発展・成長へと導いてきた。

「相続税の節税、事業承継、会社の資金調達。例えばこれらのことをネットの情報を頼りに自分でやろうと思っても絶対に上手くいきません。我々専門家がもつ経験や知識、それに各方面との密な人脈が不可欠な案件です。だからこそこういった問題に直面した時は、早い段階で弊所を頼って頂きたいと思います」

こう力強く話す原口代表に、自身のキャリアや事務所での取り組み・活動などを詳しく伺った。

事務所業務の傍ら、ＴＫＣの活動にも尽力

事務所スタッフの受け皿になるべく、父から事務所を承継

そもそも原口代表が税理士の道を志したのは大学生の頃。「税理士として活動していた父の仕事を手伝う中、税理士という職業に漠然と興味をもったことがきっかけでした」

資格を取得するための勉強を始めた原口代表は、大学卒業後、勉強の傍ら、大原簿記法律専門学

優秀なスタッフが揃う原口税理士事務所

校の非常勤講師（法人税）の仕事を始めた。「講師時代に知り合った仲間は今も仕事を助けてもらうなどして、かけがえのない存在になっています」

その後、実務の経験を積むべく、父の事務所へ入所。入所から2年後には非常勤講師の仕事を辞し、事務所業務一本で、新たにスタートを切った。勉強と仕事を両立させ、忙しい毎日を送っていた原口代表だったが、平成22年、試験に合格し、税理士の資格を取得。所内でも補助職員ではなく税理士として働くこととなった。

税理士となって以降は、ＴＫＣ九州会福岡支部研修委員会副委員長、同支部中小企業支援委員会委員長、ＴＫＣ九州会中小企業支援委員会委員長としても活動。「ＴＫＣは会計を通して中小企業の成長を実現させようという全国規模の団体ですが、およそ6年、ＴＫＣ九州エリアの中小企業支援活動のトップというポジションで様々な活動を行ってきました。活動を通し、九州の各金融機関様と密な関係を築かせて頂くなど、貴重な人脈を得ることもできました」

順調にキャリアを重ねてきた原口代表に、ある時大きな転機が訪れる。それが事務所の代替わりだ。「当初は父の事務所を出て一から自分の事務所を立ち上げてと考えていましたが、父が引退して私が出ていくと、残ったスタッフの活躍の場が無くなることが危惧されました。スタッフは本当に優秀な方々ばかりでしたので、皆の受け皿に私がならなければという思いで事務所を継ぐ決意を固めました」

こうして平成30年、父からバトンを受けて、原口税理士事務所の代表に就任した。代表になって4年目を迎える原口代表は「資金を事業所の責任者として動かすのは経営者ならでは。経営者という立場になった後は、クライアントの会社経営者様ともより深いお話ができるようになった実感があります」

相続税対策として有効な〝アパート購入〟

「相続対策は一度の相談で安心せず、何度も見直すことが大切」

原口税理士事務所は現在、税理士3名、監査担当職員3名、総務1名の計7名で業務を行い、この体制の下、顧問税理士として多くの中小企業の経営をサポートしている。

顧問先の企業へ毎月定期的に訪問し、経営者との打ち合わせを通して会社の状況を把握。「その上で、会計、税務に関わるアドバイスはもちろん、会社の成長に繋がるような経営面のアドバイスも積極的にさせて頂きます」

そんな原口代表が、近年多く手掛けている業務が、相続や事業承継、資金繰りサポートだ。「顧問先で相続が起こった場合。あるいは司法書士の先生、ハウスメーカー様、金融機関様からの紹介で相続に関わる仕事を手掛けています」

相続の相談内容は、税理士事務所だけにやはり相続税の節税対策が多いという。「相続税の減額を求めてこられる方が多いのですが、一番大事なのは相続人同士でもめないことだということをまずはご理解頂きたい」

税のプロとして、相談者の状況に応じた様々な節税対策プランを立案する原口代表だが、中でも「効果的でかつ、私ならではのアドバイスが行える」という対策がアパート購入だ。

「ならではと独自性を出しているのは、私自身がアパートを17室所有している不動産オーナーだからです。私自身が経験していますので、それに基づくアドバイスが可能になります」

「相続の際、お金を不動産に変えることで、まずはシンプルに相続税を下げることができ、さらにその後の運用により、不動産収入も受け取ることができます」

不動産の家賃収入で利益を得るオーナーは多いが、一方で『入居者が増えないのでは……』などと運営に不安を抱える人も少なくない。これに対して「私の場合は、購入したアパートをある会社に貸し、その会社から賃料を頂く形を取っているので、部屋に空きが出ようが出まいが入ってくるお金は変わらないのです」と原口代表。

「もちろん、お金を不動産に変えて、相続税減税の恩恵を受けた後はすぐに売却してしまう方が良いケースもありますので、その辺りのベストな判断やアドバイスもさせて頂きます」

相続に関わる豊富な知識とノウハウを持つ原口代表は「法制度やクライアント様の状況も刻一刻と変わっていきますので、一度の相談で安心せずに、何度も相続対策は見直していくことが大切です」と呼びかける。

事業承継を成功させるポイントは〝会社を渡す側の準備〟

独自の人脈と豊富な知識を駆使して企業の資金調達をサポート

事業承継に関して原口代表は、豊富な知識とともに、2代目として父から事業を引き継いだ自身の経験も大きな強みとしている。

「事業承継を成功させる上で様々なポイントがありますが、大切なのは会社を渡す側の準備だと私は思います。引き継ぐ側が『会社を喜んで継ぎたい』と思わせるための準備です」

「会社に借金がない、あるいは莫大な借金があったとしても、それを返していけるだけの魅力ある事業を展開している。こうした環境をしっかりと作って会社を後世に託すことが大切なこと」と原口代表は力説する。

相続に関わる豊富な知識とノウハウを持つ原口代表

また、原口代表は「年齢も一つのポイント」だとも。「引き継ぐ側の年齢は40歳以下が望ましいと考えます。例えば新しい経営者が新規事業を立ち上げるのに大きな投資が必要になるとします。ローンを組んで多額の借金をするのに、年齢がいっていれば、それが叶わない場合も出てきます。そういった意味で年齢は一つ大きなキーになるのです」

この他、親から子への承継ではなく、血縁関係のない従業員や外部の第三者への承継の場合も気を付けるべきポイントがあるという。

「従業員への承継は株式譲渡の問題を考慮する必要がありますし、第三者の場合は相手探しや信頼できる仲介人がいるかなどの問題が出てきます」

「いずれの場合においても、事業承継は渡す側の経営者様が元気なうちに準備を進めておくことが大切です」

もう一つ、原口代表が強みとしている会社の資金調達サポート。これに関しては、起業時や新規事業立ち上げ時など、様々な状況に応じて資金繰り支援を行い、経営を支える。

「TKCでの活動を通して、九州エリアの信用金庫、地方銀行、都市銀行など各金融機関の方々と人脈を築かせて頂き、それぞれの方針や考え方というものを教えて頂きました。こうした人脈や知識を強みとして、資金調達に悩む企業様のお手伝いをさせて頂いています」

こう話す原口代表は、資金調達を成功させる上で「常日頃から銀行と良い関係をつくっておくこと、また起業される方はどの金融機関とお付き合いを始めるかも大事なポイントになります」という。

経営コンサル、資金調達サポートでピンチの会社を救う

タイトなスケジュールの相続税申告も無事に乗り切る

これまで多くの法人・個人をサポート。豊富な実績をもつ原口代表に、印象に残っている3つの事例をあげてもらった。

「会社の業績が悪く、給料日前や支払日前に不安で眠れないといった深刻な状況の社長さんがいたのですが、私はその会社を徹底的に分析した上で、各方面に働きかけました。結果、経営改善および新規顧客の獲得、運転資金の追加確保ができ、経営の安定化を実現できたのです。『おかげさま

でゆっくり眠れるようになりました』と喜んで頂けたことが非常に印象に残っています」

次の事例は、金融機関との関係がこじれたあるカフェ業界の会社。「銀行からの融資がおりずに新たな事業を始められないと相談を受けました。何とか力になりたいと、私は銀行や保証協会と粘り強く交渉を行い、結果、既存の借入金を借り換え、新事業のための追加資金も確保することができました。新事業は成功し、今では粗利も大きく改善しています。『新事業を3年前倒しで実現させることができた』と感謝を頂きました」

3つ目は個人の案件。数億の資産をもつサラリーマンが、相続税の申告を原口代表に依頼してきた。「相談頂いたのが、相続税納付期限の1カ月前でかなりタイトなタイミングでした。お断りすることもできたのですが、何とか助けになりたいとお受けしました」

原口代表は、仲間の不動産鑑定士と協力し、無事期限内に仕事を完了させた。

自身の幅広い人脈を駆使してクライアントのどんなSOSにも応える

セミナーややラジオ出演を通して情報発信にも注力

「事務所として受けられる仕事量に限界はありますし、専門外のご相談が舞い込むこともありますが、私は相談を無下に断ることは極力しないようにしています」

クライアントからのどんなSOSにも応えることのできる大きな要因は、原口代表ならではといえる広い人脈だ。「自分が手一杯であっても、志を同じく、安心して任せられるTKCの仲間がいますし、専門外のことであれば、連携する弁護士、司法書士、社会保険労務士、中小企業診断士、

原口代表が所有する福岡市内にある不動産

ハウスメーカー、不動産屋、金融機関などといった各分野の専門家の方々の力をお借りしながら対応させて頂ける。長年で培ってきたこうした人脈は私の大きな強みです」と胸を張る。

原口代表は、依頼・相談を検討している人たちに対して「相談のタイミングが遅すぎて困ることはあっても、早すぎて困ることはありませんので、漠然とでも気になることがあれば気軽に弊所をお訪ね頂きたい」と呼びかける。

「税理士は怖い、敷居が高いというイメージも未だ完全に拭えてはいませんので、私たち業界側も、相談者が気軽にアクセスできる環境。また、本音をしっかりとお話頂ける雰囲気づくりといった部分もしっかりと取り組んでいかなければいけません」

一般の方が税理士に対してもつネガティブなイメージを払しょくしようと、原口代表は毎週水曜日の朝に福岡県のラジオ局クロスＦＭの番組に生出演し、情報発信につとめている。

また原口代表は、これまでハウスメーカーなどからの依頼で相続に関わるセミナーの講師もこれまで幾度となく引き受け、相続の情報発信にも力を注いできた。

「情報発信と仕事を両立させ、困っている人を一人でも多く救っていきたい」と瞳を輝かせる。

PROFILE

原口　卓也（はらぐち・たくや）

昭和45年生まれ。福岡県出身。西南学院大学商学部卒業。

平成7年大原簿記法律専門学校福岡校、小倉校で税理士科法人税担当講師として非常勤で勤務。同8年原口税理士事務所入所。同22年税理士登録。

翌23年からTKC九州会福岡支部研修委員会副委員長、TKC九州会福岡支部中小企業支援委員会委員長、TKC九州会中小企業支援委員会委員長を歴任。

銀行、新聞社、建設会社、商工会議所、ハウスメーカーなど各機関からの依頼によるセミナー・講演実績多数。

毎週水曜日福岡県のラジオ局クロスFMの番組「NEWSIC」に出演中。

INFORMATION

原口税理士事務所

https://haraguchi.tkcnf.com/page1

所在地

〒810-0041　福岡県福岡市中央区大名2-8-17
伊藤久ビル7階
TEL　092-721-1908　FAX　092-771-7296

アクセス

地下鉄（空港線）天神駅から徒歩約10分

設　立

昭和50年

業務内容

創業・独立の支援、税務・会計・決算に関する業務、税務申告書への書面添付、自計化システムの導入支援、経営計画の策定支援、資産譲渡・贈与・相続の事前対策と納税申告書の作成、事業承継対策、税務調査の立会い、保険指導、経営相談等のサービス

経営理念

原口税理士事務所は、税務・会計・経営助言の専門家として、
1.　お客様の業績向上のためのホームドクター
2.　お客様の良き相談相手
3.　職業会計人の業界をリードする先駆者
となることを使命とし、関与先企業と税理士業界の発展に貢献します。

相続・家族信託のエキスパートとして地元・広島を支え続ける

依頼人に寄り添い
質の高いリーガルサービスを提供

美北さくら法律事務所

代表　弁護士

岡崎　伸哉

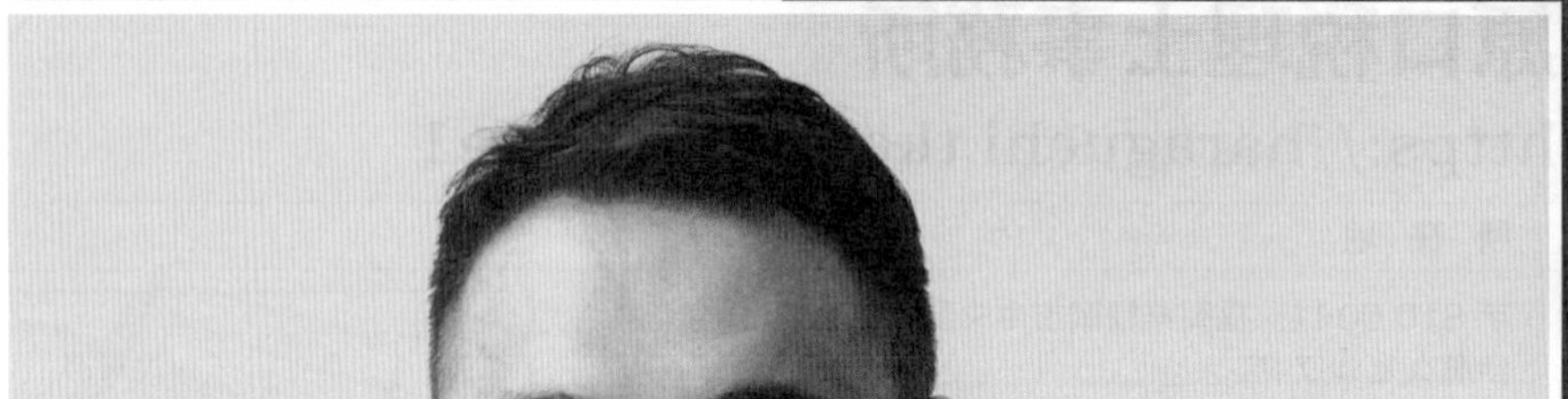

法律に関する不安や問題を、安心の料金体系で
相談しやすい環境をご用意

相続をめぐるトラブルが後を絶たない。法務省の司法統計年報（家事事件編）によると、遺産分割事件数は平成21～30年の10年で約21％増加し、その背景には昔のような家督意識が薄れて個人の権利意識が高まったこと、経済的な苦境で親の遺産を期待する人が増えたことなどが挙げられる。相続トラブルのうち遺産総額5、000万円以下が全体の4分の3以上を占め、全体の3割強が1、000万円以下という。資産家の問題というイメージが強かった相続トラブルは、もはや誰の身にも起こり得る問題となっている。

岡﨑伸哉弁護士が運営する広島県の美北さくら法律事務所では、遺言書の作成および家族信託の組成補助などの生前対策に取り組み、相続発生後には相続人や遺産の調査、遺産分割協議（相続人全員で遺産の分割について協議し合意すること）の対応に当たっている。さらに、不平等な遺言や贈与によって遺留分を侵害された法定相続人が、侵害した人に対し遺留分の取り戻しを請求する遺留分侵害額請求についても積極的に行う。代表の岡﨑弁護士は慶応大学卒業後、メーカーの営業職での勤務経験を持つ。後に弁護士を志して中央大学法科大学院で学んだ。努力家として知られ、「偉い先生」としてではなく、相談に来る依頼者に寄り添い、同じ目線で問題の解決に取り組んでいる。

自らの体験がきっかけで会社員から弁護士へ転身

人々の権利と利益を守る〝身近な町の弁護士〟

「当事務所の願いは相続をはじめ様々なトラブルに悩む方々の頼れる身近な相談相手になることです。その気持ちは弁護士になって10年たった今でも全く変わりません」

美北さくら法律事務所

広島市安佐北区に事務所を構える
美北さくら法律事務所

こう話す岡崎弁護士に親しみと厚い信頼を寄せて美北さくら法律事務所を訪れる相談者は引きも切らない。

岡崎弁護士は30歳を過ぎてから司法の道へ進んだが、実家の建て替え時にトラブルに巻き込まれたことがきっかけとなった。

「家屋の建て替え工事の支払いは、契約時、着工時、工事中、引き渡し時などに分割して支払う方法が一般的です。しかし当時、両親はそれを知らず、住宅メーカーや金融機関に勧められるままに工事代金を先に一括で全額支払いました。その後、工事の途中で工事をお願いしていた住宅メーカーが材木屋の倒産とともに連鎖倒産してしまったのです」

慌てて住宅メーカーに連絡したが繋がらず、職人たちが怖い感じの人と一緒にやってきて、注文主の両親に対し、自分たちが働いた未払い分工賃を支払えと苦情を持ち込まれた。困り果てていたところ、ある弁護士に救われ被害を最小限に抑えることができた。

「私もその弁護士さんのように苦境にある人に寄り添い、問題解決ができる弁護士として多くの人の力になりたいと、法曹界の道を志しました」と当時を振り返る。

営業職として約7年間勤務していた岡﨑弁護士は、仕事を通して多くの人々と触れ合い、様々な体験を積んだ。それだけに弁護士となっても、困っている人と同じ立場になり、親身に相談に乗れることが大きな強みだ。

「法的なトラブルの大半は事前に弁護士に相談することで防げます。問題が発生しても早めにご相談いただければ被害を最小限に食い止めることができます」

岡崎弁護士が事務所を構える広島市安佐北区は都心から距離があり、人口15万人に対して弁護士が3人程度と決して司法のアクセスが良いとはいえない。それでもこの地を選んだのは、本当に困っている個人や中小企業の経営者、個人事業主の力になりたいからだという。

「安佐北区は広島市の中でも最も高齢化が進んでいる地域です。相続や家族信託で悩む人が多いだけに私の専門性を活かしてお役に立てるのではと思いました。地域の皆様にとって常に〝身近な存在〟でありたいです」と真摯に語る岡崎弁護士は、安佐北区の地域住民にとってなくてはならない存在だ。

相続・遺言・家族信託を強みに相談しやすい環境を用意

明確かつ良心的な料金体系で顧客をサポート

美北さくら法律事務所が取り扱う業務は、主として相続・遺言・家族信託、労働問題、借金問題、離婚、債権回収などだ。法律事務所にはどうしても「難しそうで行きにくい」「費用がかかる」というイメージがつきまとうが、岡崎弁護士が目指すのは誰もが気軽にふらりと入れる事務所だ。

費用に関しても相続問題・労働問題・借金問題は初回の相談無料、着手金・報酬金の分割支払いにも対応している。個人はもちろん中小企業の経営者、個人事業主からの相談も多い。無料相談を通じてもできるだけ気軽に相談しやすい環境づくりを心がけており、顧問契約では月1万円からの積み立て型の料金体系を取り入れている。通常の顧問契約では、相談がなかった月も顧問料が発生し、依頼があれば別途費用が必要になる。これに対して美北さくら法律事務所は、顧問料を翌月以降に積み立てて後の相談料や事件費用に充てることができるため顧問先の負担を軽減できる。ニーズの高い事業承継の案件についてもこうした積み立て型顧問契約が適応されている。

法律相談に訪れる際、そのタイミングが非常に重要だ。岡﨑弁護士は、「少しでも気になった時が相談のタイミングです」と明快に答える。特に相続問題は前もって準備をすることで相続税の対策など選択肢が増えるため、早すぎることはないという。

「50代以上の方は、法律相談を通して今後の家族との生活の在り方や、認知症や不慮の事故・病気などの事態にどう備えればいいのかを踏まえた暮らしのイメージをしていただく良いきっかけになると思います」

弁護士はスペシャリストであると同時にゼネラリストでもあるという。岡﨑弁護士は顧客との法律相談をきっかけに、他の士業や専門職、公的機関と協力しながら問題の解決にあたることも少なくない。

「私が窓口になって、様々な課題や困りごとをいわばワンストップで解決できることも多いです。このため、『これは弁護士に相談する問題ではないだろう』と決めてしまわず、何でも気軽にご相談ください」と呼びかける。

相続問題を包括的にとらえ、豊富な経験を活かして問題を解決

入り組んだ数次相続にも粘り強く取り組んで顧客満足をクリア

年々増加する相続トラブルだが、美北さくら法律事務所に持ち込まれる案件の中でも相続に関わる問題は非常に多い。特に目立つのは預貯金の使い込みを含む遺産分割協議に関わるトラブルだ。遺産分割協議において遺言による指定がある場合にはそれに従うことが多い。しかし相続人が多くいて話がまとまらない。また遺言書の内容が不明確なケース、不動産が遺産のほとんどを占めて平等に分配が難しいケースでは、遺産相続を巡る争いが起こりがちだ。

過去に岡﨑弁護士が取り扱った案件の中で最も複雑だったのは、相続が重なる数次相続のケースだ。多数の相続人が発生し、遺産分割や遺言無効、法改正前の遺留分減殺請求（特定の者に有利な遺産分配がなされた場合、一定の範囲の法定相続人が自己の最低限の遺産の取り分を確保することのできる制度）、遺産の評価をめぐる争いなど、難題が山のように重なったケースだ。

岡﨑弁護士の元には、相続、家族信託で悩む依頼者が多く訪れる

「絡まった糸をほどくように根気よく取り組んでいきました。粘り強く話し合いを重ねて依頼者のご要望に近づけることができ、結果的に大変喜んでいただけました」と語る。相続問題を包括的に理解し、かつ豊富な経験をもつ岡﨑弁護士ならではのエピソードだ。

預貯金の使い込み（使途不明金という）についても、経験は豊富だ。使い込んだ当人が「知らない」「他の人が使った」と言い張る場合もあるが、使い込みがあった当時に被相続人の判断能力が確かだったかを調査し、通帳や現金を管理していたのは誰かなど、相続人の発言内容や資料を用いて不明点をついていく。

岡﨑弁護士は、遺産分割協議を含む多くの相続問題でもめる最大の理由を「家族間における不公平感」とみる。

「同居して親を最後まで看取ったのに、なぜ自分の取り分はこれだけなのか。家族に対する愛情は無償のはずなのに、お金の問題が出てくると、どうしても身内同士の争いが発生します」と岡﨑弁護士。それを避けるには家族全員が話し合い、相続人が早めにしっかりした遺言を作成しておくことが肝要だと強調する。

「相続を巡って紛争になると、かつては仲の良かった家族も『あいつ』『原告』と呼ぶようになり、もはや兄弟姉妹とは呼べないという状態になっていくのは痛ましいことです。大切なお子さんたちがそんな状況に陥らないよう、親御さんは早いうちに遺言について考えていただきたいと思います」

家族信託では委託者の希望の実現を最優先に取り組む

「委託者の判断能力がしっかりしている時期から相続を考える」

平成18年に改正信託法が施行された。家族信託とは、「委託者」「受託者」「受益者」の三者で構成され、財産の所有者である親が委託者および受益者となり、子などを受託者に指定して財産管理を任せる方法だ。主に認知症によって判断能力が低下し、預貯金の引き出しや不動産管理が難しくなった場合に用いられる。内閣府が平成29年に発表したデータでは、令和7年には65歳以上の高齢者の5人に1人が認知症になると予測されている。自分以外の人間に財産を任せる制度には他に成年後見人制度があるが、手続きに手間と費用がかかり、家族が財産に対してほとんど関与できなくなることがあるなどの問題点が指摘される。こうしたデメリットに柔軟に対応できる家族信託の二ーズが年々高まっている。美北さくら法律事務所でも家族信託の依頼は増えている。「とくに多いのはお子さんが親御さんを説得して来られるケースです。そこで委託者である親御さんがどうしたいのかをまず最重点に考えています」と岡﨑弁護士。息子や娘の意見も聞きつつ、当人（親）の意向を叶えることを最重視している。

「家族信託は家族の信頼関係に依るところが大きい制度なので、理想は受託者以外の家族も含め親御さんの今後の生活をどうしたいか、全員で話し合うことです。こうしてコンセンサスをとっておけば、親御さんが亡くなった後に争う必要がなくなります」

家族全員が納得して家族信託を行うには、委託者（財産の権利者）の判断能力が低下する前に対応することが最も重要だ。「まだまだ先の話だろう」とのんびり構えているケースが多いようだ。

「委託者である親御さんの多くは60歳、あるいは65歳になるまで頑張って働いてこられた方々です。私はこうした方々が望む余生を何とかして叶えるお手伝いをしたい。常にその思いを抱いてお話をお聞きしています」家族信託に対応した経験が豊富な岡﨑弁護士は、依頼者と何度も話し合いを重ね、寸暇を惜しんで最新の裁判例に触れ知見を深める。

ライフワークは相続・遺言・家族信託の重要性を伝えていくこと

しっかり地域に根を下ろし、〝争続〟から家族を守るために走り続ける

「紛争を避けるには家族間の信頼感が重要」と力説する岡﨑弁護士が依頼者に強く勧めるのが、遺言者本人の肉声や映像で想いを残しておくことだ。もちろん正式な遺言や家族信託への

清潔な雰囲気で相談者を迎え入れるエントランス

対応は必須だが、それだけでは「家族の誰かが父（母）に無理やり書かせたのでは？」という疑念が残りがちだという。「相続は〝争族〟と言われるほどトラブルが多いのですが、遺言者ご本人の声によるコメントや映像があれば余計な争いが起こりにくいのです」と説明する。

また岡﨑弁護士は遺言や家族信託についての啓蒙活動を自らのライフワークとしている。その取り組みの一つが遺言の書き方講座の開講だ。全くの初心者でも始めやすいようわかりやすい見本も用意している。

「間違えたり気持ちが変わったりしたら何度でも書き直していいのです。最初は30分くらいの時間で、自筆で書いてみるだけでも充分です」と岡﨑弁護士。

最近では事業承継の相談に訪れる中小企業の経営者や個人事業主も増えているそうだ。事業承継は相続と通じる部分があり、事前準備が非常に重要だ。今後は事業承継をテーマにしたオンラインセミナーも考えている。「美北さくら法律事務所」の名は人々に明るさと勇気を与え、多くの人々に愛されている「桜」に由来する。

「私たちの事務所も桜のようにしっかりと地域に根を下ろし、末永く愛されるよう誠実に、全力で職務に尽力していきます」という岡﨑弁護士。地域の人々の悩みを解決し、家族を〝争続〟から守るために今日も走り続ける。

PROFILE

岡﨑　伸哉（おかざき・のぶや）

昭和 50 年広島県生まれ。平成 11 年に慶應義塾大学総合政策学部を卒業。
メーカーに勤務した後に中央大学法科大学大学院に入学。
平成 21 年に弁護士登録。

INFORMATION

美北さくら法律事務所

https://www.bihokusakura.jp/

所在地

〒 731-0221　広島市安佐北区可部 3 丁目 19-19
佐々木ビル（南棟）2 階
TEL　0120-979-742　FAX　082-516-6560

アクセス

JR 西日本（可部線）河戸帆待川駅出口から徒歩約 12 分
可部上市バス停すぐ前

設　立

平成 22 年

業務内容

相続・遺言・家族信託、借金問題、労働問題（雇用者と労働者のトラブル）、不動産問題、離婚問題、親子問題など

理　念

あなたにとって身近な相談相手になりたい。

「相続税申告」に特化した個性派事務所

専門性を深掘り、クライアントの「安心」につなげる

みむろ税理士事務所

代表　税理士

三室　正子

時間をかけてきっちりと
質の高い仕事を提供していきます

温泉地で有名な大分県・別府にオフィスを構えるみむろ税理士事務所は、相続税申告手続きに特化した税理士事務所である。特定の得意分野に軸足を置きながら幅広い案件をカバーする士業事務所が多い中で、焦点を絞り込んで専門性をアピールする事務所は珍しい。専門分野に特化した一極集中は、他の事務所との差別化やすみ分けには有効だが、相談案件の間口が狭く、依頼件数が安定しないといった運営で難しい面もある。

みむろ税理士事務所の三室正子代表税理士は、独立以前に会計事務所勤務を通じて実務の経験を積む中で、「事務所を立ち上げるなら分野を絞って特化したい」という思いがあった。税理士資格を取得して、所属する事務所で企業会計に携わっていたが、相続の案件を手掛ける中で、次第に相続税申告に関する仕事に惹かれるようになった。

主婦業との両立で税理士資格を取得、事務所開設へ

開業から3年後に相続税関連業務に特化を決意

平成28年6月、地元である別府市内に念願の事務所を開設した。当初は顧問先の会社を対象とした企業会計業務をメインにしていたが、相続案件への興味は衰えることはなかった。

その思いが通じたのか、知り合いから相続案件の紹介が徐々に舞い込むようになる。その後しばらくは企業会計と相続を並行して手掛ける業務体制を続けていたが、仕事が中途半端になることを恐れ、思い切って扱う分野を相続案件に特化しようと決意した。

「企業会計と相続という二兎を追うと業務が疎かになるのではとの不安を覚えたのが大きな理由で

みむろ税理士事務所

大分県別府市に事務所を置くみむろ税理士事務所。
温かみを感じさせる木造が特徴

す。片手間で取り組んで仕事の質が落ちることを避けたかったのです。不安もありましたが、前からやりたかった相続一本に絞り込むことにしました」と振り返る。

「顧問契約をしていた企業の方は大変驚かれたと思います。またご迷惑をおかけしました。しかし、相続税申告業務への集約・一本化は開業から3年後の令和元年夏に決断し、その2カ月後に相続専門の体制に移行しました」

相続税に特化した個性派の税理士事務所を運営する三室税理士だが、税理士を目指した経緯も変化に富んでいる。

はじめから士業を目指していた訳ではなく、高校卒業後は鹿児島の短大に進学し、法律とは無縁の女子大生活を送っていた。その後三室税理士は23歳で結婚し女の子を授かる。家庭に入って「専業主婦」として子育てに専念した。やがて再就職を目指し、夫に勧められて簿記の勉強を始めた。

「何か資格を持っていた方が再就職には有利だと思い、簿記の勉強を始めました。いざ取り組んでみるとこれが実に面白い。その魅力にはまりすっかり夢中になってしまいました。好きな簿記が活用できる職業は何かと調べていくうちに出会ったのが税理士でした。初めて耳にする資格でした」

これがきっかけになって税理士を目指すことになり、地道に勉強を続けてまず日商簿記3級に合格。その後税理士事務所で勤務し、実務と並行して勉強を続け、1級の資格を取得し、5年かけて税理士資格を取得した。

税理士試験の勉強のかたわら、家庭では主婦として家事をこなす多忙な毎日だったが、「家事との両立は不安もありました。しかし、簿記や税法に触れることが社会との接点になっていると感じ、勉強はとても楽しかったです」と三室税理士は当時を振り返る。

事務所を立ち上げて着実に相続専門の税理士としてのキャリアを積んできた三室税理士だが、「常に勉強し続ける必要がある」と、新しい知識を得るため積極的にセミナーを受講するほか、最新の情報収集にも余念がない。

「相続税申告を行う税理士は、相続税にまつわるあらゆる条件を、くまなく把握しておくことが必要なのです。日々勉強です」と自らに言い聞かせるように語る。

「相続手続きは時間的ゆとりを持って早めに相談を」

依頼者とのコミュニケーションの確立が重要

みむろ税理士事務所の業務エリアは大分県内がベースだ。「相続人が県外にいて、相続する土地が県内」というケースもある。相続の相談は個人が対象だ。

依頼は他の士業の先生や銀行からの紹介が多いが、セミナーなどを通じて紹介を受けるケースもある。相続を専門にしている行政書士との出会いも大きな転機になったという。

「最初は事務所のＨＰなどで集客を期待していましたが、なかなか厳しいものがありました。幸い士業同士の横のつながりで、人的なネットワークを広げていく事が出来ました。私が知らない分野に詳しい行政書士や司法書士の先生との交流も大変勉強になっています」と三室税理士。

相続税の相談は、ある程度業務処理が済んだ状態で持ち込まれるため、緊急性の高い案件はあまりないようだ。

「相続手続には一定の期間がかかります。特に必要書類を集めるのにかなりの時間を要するため、時間的に余裕を持つことでトラブルを少なくすることができます。最短でも４カ月の期間が必要だと思います。時間的に余裕がなく、例えば『１カ月で頼む』と依頼された場合は、手続きを完璧に終了することは難しいので、基本的にお断りしています」ときっぱり語る。

相続手続きで最も重要な点は、「相続に関わる方々みなさんが納得し、手続き完了後は円満に過ごすことができることです」と三室税理士は強調する。相続税の負担が軽くなったとしても、「残された親族や相続人が幸せにならなければ意味がない」と考える。「守秘義務があるので個別の案件の詳細は具体的にはお話しできませんが、私たちのきめ細かい業務に対して依頼者が『いい仕事をありがとう』と感謝された時は嬉しかったですね。『適切な助言を頂いて助かりました』とお礼を言われたこともあります」常に相続人の幸せ、円満解決を目指す三室税理士の真摯な姿勢が、依頼人の信頼につながっているのだ。

「相続の手続きでは、依頼人が話しにくいことも聞かなくてはいけない時があります。依頼者との信頼関係がなければ本当の詳しい内容を話してもらえないので難航します。依頼者とのコミュニケーションは非常に大事な要素です」

差別化、すみ分けを狙った相続対策に特化した業務集約

時間をかけた確実な仕事でサービスの質を高める

三室税理士が「相続」に特化した事務所を立ち上げるに至ったのは、もちろんその業務内容に魅力を感じていたこともあるが、他の事務所と差別化、すみ分けができると考えたからでもある。

「大分県内で相続に特化した事務所が見当たらなかったので、チャンスだと思いました。独自性をアピールする良い機会だと思いました」

しかし実際の業務では、相続以外の案件を依頼されるケースも少なくない。「企業会計もお願いしたいと相談を持ち掛けられることもありますが、全てお断りしています。特例として、相続に関連した所得税の申告は、私たちのクライアントに限ってお受けしています。基本的には相続オンリーです」

相続問題に特化、集約することで携わる業務の範囲も限定されていく。これを継続して相続に関する案件を深く追究することで、事務所の個性を強化することができる。

看板犬ラブと、
事務所のロゴマークのモデルでもある

「何事につけても物事をきちんと、細かく詰めていくことが私の性分でもあります。相続の業務についても、これまでに分かっている事柄でも再度調べ直す作業を繰り返します。時間をかけてきっちりと質の高い仕事を提供したいので、時間はかかりますがこれは外せないプロセスです」と熱く語る。

正確でしっかりした仕事をしたいという思いは、三室税理士事務所の日常の業務からも伺い知ることができる。「書面添付」という税理士に認められた申告制度をフルに活用している点がその典型例だ。「書面添付」は手間のかかる作業だが、その分申告書の信ぴょう性が高まるという依頼者にとって大きなメリットがある。税務調査が必要とされる確率が下がるとともに、意見陳述を税理士が代理で行うことで、依頼人の心理的負担を軽減することができる。税理士事務所として、作業量は増えるが、依頼人の安心に直結する貴重な手続なのだ。

依頼者が安心し、信頼してもらえる環境づくりに心を砕く

「納税者にも国にも損をさせず、中立、公正でありたい」

依頼人と接する時、三室税理士が最も気を付けているのが「安心してもらえること」だという。事務所のキーワードでもある「安心」が重要なテーマなのだ。

「例えば、質問された事に対する返答は早く行う。あるいはどこまで進んでいるか?という経緯を逐一報告するなど、依頼人が安心できるための意思疎通に気を使っています。状況が分からないと依頼者は不安に駆られることになります。しっかり話を聞いて説明不足にならないよう心がけてい

ます」

こう語る三室税理士は、事務所内の環境にも気配りを忘れない。依頼者が相談しやすいようにソフトな空間作りに心を砕いている。

「事務所の椅子も冷たい感じがするスチール製を避けています。また温かい感じがする木をモチーフにして内装を施すなど、安心して、信頼してもらえる環境づくりに努めています。従来の『士業は固くて怖い』というイメージを払しょくしたいのです」と力がこもる。

税理士としての信条は「安心をお届けする」ことだという。よく「税理士は中立」だといわれるが、三室税理士の業務姿勢はその言葉を体現したブレないスタンスが魅力の一つでもある。

「納税者にも国にも損をさせない、常に中立、公正明大でありたいと思っています。依頼人にも納得し、満足してもらう形で適正な納税を行う。国も適正な税金を収納することで国の発展に資することができます。相続税の申告が終わった後にみんなが笑顔になれるように心がけています。それが信条である『安心』にもつながると思います」

「相続なら、みむろ」という揺るぎない存在感を目指す

高く評価される完成度の高い仕事と実直さ

三室税理士が目指すのは、「相続なら、あそこに頼めば安心だ」と評価してもらえる税理士事務所にすることだ。大分県で最も相続が得意な事務所を目指している。効率良く業務をこなすには、事務所の規模を拡大する必要がある。しかし「仕事をきっちりと仕上げたい」との思

少数精鋭で、相続案件に誠心誠意対応する

いが強く、規模の拡大には慎重だ。

「現在スタッフは3人ですが、多くの相談を処理するにはそれなりの人数が必要になります。事務所の規模を大きくするには、他のスタッフに仕事を任せていくべきですが、何しろ私は全ての案件に目を通したい性分なので、なかなか踏ん切りがつかないでいます」と苦笑する。

三室税理士は一般の人に相続の情報を発信する活動にも精力的に取り組んでいる。地元の放送局（OBS大分放送）の企画でセミナーの講師を務めたりもした。

専門分野の知識を正しく伝えるのは容易なことではない。「正しく伝えるべきなのですが、間違って理解される可能性もあります。専門用語をなるべく使わないなどの工夫も必要です」

対外的な情報の発信においても、確実に仕事をこなしたいという三室税理士の真摯な姿勢が伺える。仕事に対する完成度の高さと取り組み姿勢の実直さが依頼人からの厚い信頼につながっているのだ。

PROFILE

三室　正子（みむろ・まさこ）

昭和 53 年大分県別府市生まれ。平成 11 年鹿児島女子短期大学卒業。

中川喜通税理士事務所（㈲中川計算センター）勤務、河野公認会計士事務所勤務を経て、平成 28 年 6 月みむろ税理士事務所設立。

税理士。

INFORMATION

みむろ税理士事務所

https://www.mimuro-zeirisi.com/

所　在　地

〒 874-0838 大分県別府市荘園 1 組 2
TEL　0977-85-7336

アクセス

JR 別府駅から車で約 10 分

設　　立

平成 28 年 6 月

業務内容

相続税申告

経営理念

私たちは、相続税に特化した視点、知識、経験を通じて、依頼者が安心できる相続税の申告のお手伝いをします。

30年にわたる事件処理の実績に基づくワンストップ体制

丁寧に寄り添いつつ、相続問題のスムーズ解決を実現

みやこ法律事務所

弁護士

東田　展明

田阪　裕章

日野　哲志

相続で悩む方々に手を差し伸べたい（東田弁護士）

相続の相談で大事なのは膨大で多岐にわたる情報を整理し、解決できるところまで案内すること（田阪弁護士）

不動産の処理にも様々な方法があることを知って欲しい（日野弁護士）

1992年の開設から来年で30周年となる節目を迎える、大阪市・北浜のみやこ法律事務所。現在は5人の弁護士が在籍しており、商事・民事事件を中心とした約30年の実績と経験を生かして、相続分野をはじめ、企業法務、国際関係法務、不動産法務、交通事故・医療事故解決などのあらゆるリーガルサービスを提供している。

事実関係と依頼者のニーズを的確に把握して、依頼者にとって最適・迅速な解決を目指しており、依頼者への説明を十分、丁寧に行うよう心がけるとともに、専門職として蓄えた専門知識と経験をフル活用するというのが同事務所の基本理念だ。

近年ますます進む高齢化社会を背景に、2019年には相続に特化したウェブサイトを開設して、相続問題に悩む高齢者や相続人のサポートに尽力している。同事務所では、遺産分割や遺言書作成にとどまらず、幅広い観点から適切な手続を選択して依頼者への提案を行っている。

コミュニケーションスキルで依頼者の気持ちを引き出す

常に寄り添う姿勢を大切に――東田弁護士

2人の創業者（倉岡榮一弁護士・斉藤勝俊弁護士）と共にみやこ法律事務所を動かしている3人のうち、最も長いキャリアを持つのが東田展明弁護士だ。若い頃は超大手商社への就職を真剣に考えた時期もあったという東田弁護士だが、「自分の仕事に関して全て自分で責任をもてる」という点に魅力を感じ、弁護士を目指した。

アルバイト生活や、司法試験の失敗など、いろいろな経験を経て、ロースクール制度ができたの

依頼者に心から寄り添う姿勢を貫く東田弁護士

を機に法科大学院に入学し、弁護士となった。

「弁護士は、目に見える形で社会と関わることができます。またお一人おひとりの依頼者様と、膝を突き合わせてお話を聞き、一緒に考え、最善の解決を実現する弁護士という仕事が、結局社会を変えることに役立つと考えました」と東田弁護士。

同事務所は開所以来、あらゆる事件を幅広く取り扱ってきたが、最近は少子高齢化を背景に、相続や遺産分割案件を強力に発信している。東田弁護士はこうした取り組みについて、「私たちは団塊ジュニアなので、今相続で悩む世代とは重なったりつながったりしているわけです。だから純粋に、手を差し伸べたいという気持ちがあります」と語る。

相続で疑問が生じたときには早めに相談するように呼びかけているが、同じ弁護士でも、「相続分野の法律の知識に著しい偏りがある」と東田弁護士は指摘する。人によっては全く相続関係の法律や裁判例の勉強をせずに弁護士になってしまった場合もあり、「相続分野の経験が少ない同業者との会話の中で、遺産分割協議をどんな場合に行うかすら知らない弁護士がいて愕然としました。まさに玉石混交です。依頼した弁護士が相続の知識が狭く、経験が浅かったりすると、いたずらに時間やコストがかかってしまいます」と懸念を示す。

「自分を信頼して、他人には言えない財産の話を打ち明けてくれるのだから、依頼者には心から寄り添わなければなりません。私は、自分がどんどんしゃべるタイプ。いろんな質問をこちらから投げかけて依頼者の気持ちを引き出すのが得意です」

お金を軸にした生々しい人間模様やトラブルに直接触れ、法律を使ってそれを無事解決に導けたときが、掛け値なしで「この仕事をしていてよかった」と思える瞬間だという。

見過ごされがちな「家族関係の変化」。だから早めの相談を

法によるスムーズな解決を目指す―田阪弁護士

弁護士歴13年の田阪裕章弁護士は、キャリア公務員からの転職だ。情報通信分野における事前規制の弊害や限界に直面していたこともあり、行政の事前規制が緩和され、司法による事後の解決に委ねるという制度転換（司法改革制度）に共感して、弁護士へ。

現在みやこ法律事務所での業務においては、相続案件に特に力を入れている。

「相続の相談を受けるときに大事なのは、膨大で多岐にわたる情報を整理し、解決できるところまで案内すること。身内の争いが長引くと精神的に疲弊するので、できる限り早い解決を目指すことも大事なポイントです。相続人同士、お互い言いたいことは積もり積もっていますが、どこでどう

相続トラブルを避けるため
「生前からの準備が大切」と話す田阪弁護士

折り合いをつけるかの判断、提案も我々弁護士の大事な役目です」

相続問題は被相続人の死後に発生することが多いが、「こういう財産があるが、どうすればよいか」といったものや、「すでに話し合いが始まっているが、もめてどうしようもない」、あるいは「財産管理している親族が勝手にお金を使っているのではないか」、反対に「適正に管理しているのに親族にお金の使い込みを疑われている」など、紛争の形は様々である。「さらに、家を出た娘さんの夫、長男次男のお嫁さんなど相続人の配偶者が出てくると、もう紛糾ですよ」「そもそも疎遠で財産を全く把握していないから調べてくれ、というところからスタートする場合もあります」と田阪弁護士。

一番大きな問題は「親の死によって家族のバランスが変わる」ことだという。「相続争いの心配はないと思い込んでいても、親の存命中と死後では、兄弟姉妹間の関係に大きな変化が生じるものです。そして関係の変化は相続による分配にも必ず影響する。だから思っていたとおりにはならずにトラブルに発展するのです」

こうしたトラブルを避けるために、「生前からの準備が大切」と田阪弁護士。「財産の把握というのは、例えば米国では生前信託を利用することが一般的であり、被相続人の死後に財産がどうなっているか分からないということにはなりません。信託制度は英国から米国へ伝わって発展し、日本にもたらされたと言われています。日本では信託制度の利用も遺言書の利用も低調ですが、自らの財産を把握するとともに、将来のための備えをしておくということがとても大切です」と田阪弁護士は生前の準備の重要性を説く。

不動産にも家族の歴史や感情が詰まっている

依頼者の真の納得を目指して―日野弁護士

日野哲志弁護士は、10年ほど神戸市の事務所で修行を積んだ後、高校の先輩である東田弁護士に誘われて2020年に入所した。日野弁護士も、みやこ法律事務所入所以来、東田弁護士、田阪弁護士とともに、相続案件に力を注ぐ。

「相続案件は、家族の歴史や感情がからんでもつれやすいですが、依頼者とその親族が納得できる形で収束させるのは非常に難しい」と話す。

あるとき日野弁護士が担当した案件は、依頼者である相続人（姉妹2人）の相続財産である古い家をどう処理するかという相談だった。2人の意見が食い違う中、日野弁護士は深く切り込んで依頼者と話し合い、アドバイスを重ねた。家は最終的に、売却や運用ではなく、地元自治体の古民家

「相続は家族の歴史や感情が絡むため
親族全員を納得させるのは非常に難しい」と日野弁護士

再生プロジェクトに委託して活用してもらう形に落ち着いた。「残したい」という依頼者の気持ちを汲んでのことだった。

「換金の上、分割するという金銭的解決では納得されなかったと思う。相続の問題は、法定相続分はこれですよ、といった機械的な結論付けだけでは解決できません。人には感情がありますから」と日野弁護士。

弁護士には、研究者でいう専門分野とされるものは特にないが、手掛ける件数が増えるとそれが経験として得意分野になる。日野弁護士は、不動産周りの事件を多く扱ってきたことから、不動産がらみの相続案件に強く、信頼できる不動産業者や、土地家屋調査士、設計士などともパイプが太い。

「不動産が多数あっても、これは借地している、こちらは店子がいる、これは母親の実家だから……といった、いろいろな思いを斟酌しながら分割なり処分なりを提案していくわけです」

古民家の活用も、そうした手腕から導き出された結論であろう。「不動産の処理にもさまざまなよい解決法があることをできるだけ広く知ってもらい、悩みがあればすぐに相談してほしいと思っています」

遺言書が作成されていないと、激しい争いが巻き起こる

早い・安い・円満な解決のために、遺言書をつくろう

田阪弁護士が先述したように、相続を円満に進める上で、生前からの準備は大事だが、日本ではなかなか遺言書を作成するという意識が浸透しない。そのためか、遺言書がある場合でもこじれるケースが多々あるそうだ。「遺言書があるのにそれに納得できないケースは、基本的に激しい争いになります。遺留分の請求や遺言書の無効化ですね。最も激しいのが遺言書無効の争いです。被相続人が存命中に、介護施設に入り、認知症の診断を受けている場合は、無理矢理書かせたのではないか、などでもめやすい」(田阪弁護士)

東田弁護士も「とにかく遺言書はつくっておいてほしい」と強調する。『親父は土地を誰それに、お金をいくら誰それにやると言った』などと、言った・言わないの話で収拾がつかなくなります。そのせいで何十年ももめたケースがありました。遺言書があればこんなことは起きないし、早く安く解決できて兄弟姉妹の仲が悪化することもありません」(東田弁護士)

遺言書にまつわるトラブルも、お金だけではなく、血を分けた家族だからこそ感情的に納得できない難しさがあるのだ。

相続は、動くのが早ければ早いほどできることが増える

困った人がアクセスしやすい環境づくりを目指す

3人の弁護士が口をそろえて言うのは「少しでも早く動いてください」ということ。ほとんどの人が、弁護士に相談するべきタイミングを分かっていないのだという。被相続人が死亡して相続が開始しても、家族で話し合えば解決できる、あるいは家族で話し合って解決すべきなのだと考えるが、「次第に意見が合わなくなって、手の付けようがないほどこじれてから相談に来ても、時すでに遅しというケースもままあります」（日野弁護士）

相続放棄や相続税の申告、遺留分の請求には、期限がある。もちろん理想は生前からの準備だが、「被相続人が亡くなった場合は、1～2カ月以内に相談するのが望ましい。3カ月を過ぎた時点で相続放棄の申述期間を延長できなくなる。早ければ早いほどできることは増えてきます」と田阪弁護士。

みやこ法律事務所では、相続専門のウェブサイト開設を機に、相続分野のさらなる成長発展を目指す。30年の実績を基盤に、税務、不動産や登記などの専門家と連携した相続ワンストップ体制を構築すると同時に、Ｚｏｏｍなどのプラットフォームを利用してリモート相談を導入するなど、誰もがアクセスしやすい環境づくりにも取り組んでいる。

PROFILE

東田　展明（とうだ・のぶあき）

昭和49年神戸市生まれ。京都大学法学部卒業、神戸学院大学法科大学院修了。多国間プロジェクトへの参加経験もあることから、英語も得意。平成20年に弁護士登録。座右の銘は「鶏口牛後（鶏口となるも牛後となるなかれ）」。

田阪　裕章（たさか・ひろあき）

昭和49年京都市生まれ。東大寺学園高等学校・京都大学法学部卒業後、郵政省、総務省、NPO法人SCCJでの勤務を経て京都産業大学大学院（ロースクール）へ。平成20年に弁護士登録。余暇はテニスや茶道を楽しむ。

日野　哲志（ひの・てつじ）

昭和55年西宮市生まれ。慶応義塾大学総合政策学部卒業、同政策・メディア研究科・同法務研究科修了。平成22年に弁護士登録。相続に関する案件では、不動産がからむトラブルを得意とする。趣味はゴルフ。

INFORMATION

みやこ法律事務所

https://www.miyako-law.jp/
（相続専門サイト　https://souzoku.miyako-law.jp）

所在地

〒541-0041　大阪市中央区北浜3丁目2番24号
北沢ビル802号
TEL　06-6231-1115　FAX　06-6231-1175

アクセス

大阪メトロ（御堂筋線）淀屋橋駅17番出口すぐ

設　立

平成4年

取扱業務

企業法務、国際関係法務、不動産法務、交通事故・医療事故解決、金銭請求・保証履行請求、債権保全・回収、離婚・親族関係・遺言・相続

基本理念

私たちは、事実関係と依頼者のニーズを的確に把握して、依頼者にとって最適・迅速な解決を目指しており、依頼者への説明を十分、丁寧に行うよう心がけるとともに、専門職として蓄えた専門知識と経験をフル活用します。

常に予想を上回るサービスで、クライアントに幸福をもたらす

目指すのは「何でもあって頼れる、相続のデパート」

みらい創研グループ
日本みらい税理士法人
所長　税理士・行政書士
佐藤　智春

まずどこに相談すればいいのか分からない、という入り口から迷子になっている方々を救いたい

相続税に関係する問題を解決するためには、相続税以外にも複雑に絡んでくるさまざま課題もクリアしていかねばならない。宮城県仙台市に拠点をおく日本みらい税理士法人は、相続税以外の問題に対しても、一つの窓口で全て対応できるといった強力なアドバンテージを持つ。あらゆる問題を解決へと導くべく、サービスの創造研究に取り組むみらい創研グループを母体とし、相続に関するトータルサポートで同グループの重要な一翼を担う存在だ。

所長を務める税理士・行政書士の佐藤智春氏は、「まずどこに相談すればいいのか分からない、という入り口から迷子になっている方々を救いたい」と話す。

法人において、相続に関わるあらゆる問題をサポートする今のスタイルがはじめからあったわけではない。これは佐藤所長が長年、税理士として相続税の実務に取り組んできた中でたどり着いた「ベストなスタイル」だ。

遺産分割協議に入る前からつまずく相談者

豊富な経験からたどり着いたベストなサポート

「通常、税理士事務所では税金に関することだけを扱い、相続なら相続税の申告だけを行います。それが税理士事務所の仕事ですから当然ですが、相続税に関する部分だけしかタッチしないやり方では、相続手続きが円滑に進まないことに気付きました」と佐藤所長。

「まず税金を確定させるためには、相続人全員で遺産の分割について話し合う遺産分割協議が合意に至らなければなりません。そこで、遺産分割協議を行う段階からのアドバイスの必要性を感

クライアントとは常に謙虚に親しみをもって接するという佐藤所長

じました。そのためには、相続に関する各相続人の考えや意見を聞き取り、整理する必要が出てきます。相続に関して、相続人が特に自らの考えを持たない場合もありますが、そういう時は将来どのような生活を望むかをお聞きし、私たちから提案することも必要ではないかと考えました」

また、遺産分割の事前段階においては、「相続手続きに必要な戸籍の集め方が分からない」、「預金の凍結をどう解除すればいいのか分からない」などの悩みも多くあったという。

遺産分割協議というスタートラインにつく前にも、解決すべき様々な問題があるのだ。

さらにその後、遺産分割協議が合意に至っても、例えば相続した不動産を売却するのか運用するのか、どうすれば相続税を軽減できる特例が使えるのか、といった課題も出てくる。

「お客様の抱えるこうした問題を一つひとつ解決していくうち、かなり前の段階から、そして相続後の生活のことまでひっくるめてトータルサポートすることが私たちに求められている役割だということに思い至ったのです」

相続のスペシャリストとして仙台を本拠に全国展開

年間100件を超える相続税申告を手掛ける

佐藤所長は平成19年に税理士登録し、その後、みらい創研のグループ企業である日本みらい税理士法人に在籍し、現在まで活動を行ってきた。

同法人で、相続税を中心とした実務に携わるうち、佐藤所長は相続税に特化したトータルサポートの必要性を強く感じるようになり、平成21年に法人内に相続に特化した事業部門を開設した。

同部門は佐藤所長をはじめとした相続のスペシャリストで組織され、仙台を本拠地に全国規模で事業展開している。現在佐藤所長は一人で年間105件もの相続税申告をこなしている。

相続に特化し、多くの実績を築き上げてきた佐藤所長は、子どもの頃から数字を扱うのが得意で、高校時代に簿記と出会う。そして、簿記の強みを生かしたプロフェッショナルになりたいと考え、選んだのが税理士だった。

「専門学校時代に関係する法律や税金について学ぶ中で、他の税法とはかなり性質を異にする相続税法に強く惹かれていくようになりました」と若い頃から相続への関心を強めていった。

「お客様に幸福をもたらすことが私たちの仕事」

相談者の心のブレーキを外すためには謙虚な傾聴が重要

現在、日々相続に悩みをもった相談者と相対する佐藤所長は「お客様の考えや意見を根気よく聞き取っていく作業は、相続の前段階において欠かせません。特に被相続人と相続人の意見の調整には細心の注意を払っています」と話す。

「多くの場合、財産を残す側ともらう側の価値観にはかなり乖離があります。例えば『亡くなった親がこう言ったので、そのように分けたい』というように、故人の遺志に固執する人が多いのですが、あまりお勧めはできません。遺志を尊重して相続をすると、結果として相続後の生活が不安定になってしまうケースが往々にしてありますので、本当に残された遺族にとって幸せなのかということを問いかけ、将来を真剣に考えて頂くようにアドバイスをさせて頂きます」

みらい創研グループの理念に〝お客様に幸福をもたらすことが私たちの仕事である〟というものがあるが、この理念は日本みらい税理士法人でももちろん踏襲されている。

クライアントが将来にわたって安心して幸せに生涯を過ごせるよう、佐藤所長は全力を尽くす。

「お客様との話し合いには常に謙虚に、親しみを持って臨んでいます。お客様は、『こんな質問をして的外れなことを言っているのではないだろうか』、『こんなことは法律違反だと一蹴されそうだ』といったように、心に何らかのブレーキがかかった状態で相談に来られます。その心のブレーキを外すことがまずは重要です。だから私はどんな質問でも絶対に否定から入ることはしません。なぜ、どういう状況からその質問が出てきたのかを考え、ヒヤリングを重ねていくことで、お客様も安心して心を開いてくれます。私から提案を投げかけるのはそこからです」

相続人の生活支援など、税理士法人の枠を超えた手厚いサービス

不動産売却部門とのタッグでスムーズな不動産処理

相続税の前段階とその後、そして相続税以外の部分でも手厚いサポートを行うことができる部分が大きな強みである日本みらい税理士法人だが、クライアントからは「ここまでしてくれるのか」と驚かれることが多いという。

「私たちの特長の一つとして不動産売却に直接関わる点があげられます。相続後、不動産を売却するとなれば、相続税と所得税の二つが絡んできます。支払額が軽減される特例は両方の税にあるので、特例を利用して賢く節税できるよう、当社の不動産売却部門のスペシャリストがしっかりスケジュールを立て売却を行います」

そんな、日本みらい税理士法人ならではといえるサポート事例を一つご紹介。

被相続人が死亡し、同居中の相続人に不動産（自宅）とわずかな預貯金だけが残されたといったケースだ。

相続人は預金も収入もなかったため、不動産の運用を考えたが、これに対して佐藤代表は、「賃貸物件を建てるなどの運用を行っても、今後生活を続けられるお金を捻出することは難しく、現実的ではないので売却しましょう」と提案。

「相続を行なう通常の税理士事務所ならここで業務は終わりですが、当社の場合はその先がありま

クライアントのプライバシーに配慮した個室の面談室

す」

不動産の売却にあたっては相続人の新しい住居が必要なため、物件探しを代行。検討の結果、賃貸ではなく家を購入することになったが、収入がネックに。そこで銀行に対して各種提案を行い、融資交渉を実施。無事借り入れに成功して住宅購入が実現した。

また佐藤所長は「相続税の特例を利用するには引越しのタイミングも重要になることから、引越しの日程もこちらで決定し、引越し業者も手配させて頂きました」とも。

さらに遺品整理業者を手配して遺品の整理や家の片付けを行うとともに、「将来の生活をシミュレーションして、『年間使える生活費はここまでです』といったライフプランニングもさせていただきました」

ここまでのサポートで、およそ半年を要したという。クライアントからは、「ここまでしてくれるのか」と驚かれたという。

相続人の生活支援までを含むトータルサポ

ートこそ、日本みらい税理士法人の真骨頂というわけだ。

元気なうちに！　70歳・75歳が相続手続き相談の目安

「とりあえずあそこに行けば何とかなる」相続のデパート

「できれば相続が始まる前に相談して頂くのが理想です」という佐藤所長。ほとんどの場合、被相続人の死後、相続が発生してから動くことになるのだがそれでは遅いそうだ。

「例えば親世帯と子世帯の同居が決まった、その時点で相談を受ければ、将来生じる相続上の有利不利を考えた上で同居の形態を提案することができます」という。

「後になって『あのときこうしていればもっと税金が下がったのに』というケースがよくあるため、家族のライフスタイルが転換期を迎え、家のことで検討事項があれば、実行に移す前にぜひ相談して頂きたい」と佐藤所長。

「70歳、もしくは75歳が相続手続きの相談を行う一つの目安でしょうか。この年齢ではまだまだ元気な人が多いのですが、元気だからこそ行動に移してほしいのです。資産もほぼ確定しているので、これから先のお金の動きを見るのは比較的容易になります。毎年これくらい預貯金が減少するとか、医療費は助成があるから心配ないとか、そういった試算もできます。その上で残った人生をどう設計していくのか、一緒に考えさせて頂ければと思います」

佐藤所長は今後、70歳あるいは75歳の節目を迎えた人を対象に、相続も見据えた老後のお金の使い方の提案や生活支援に特化した新たなサービスを確立させていく考えだ。

みらい創研グループ　日本みらい税理士法人

相続のスペシャリストで組織された精鋭のスタッフ

日本みらい税理士法人の願いは、「どこに相談すればいいのか」と悩む人を一人でも多く救うこと。相続の相談窓口はどこにでもあるように見えて、実は最終的に自社の商品を売るためのトークだった、というケースも実は少なくない。

「真にクライアントの立場で真摯に助言してくれる窓口はどこにあるのか、という切実なニーズに応えているのがまさに当社です」と力を込める佐藤所長。相続と全く関係のない案件や、極めて特殊な案件でも、グループのネットワークを駆使して対応する。

どんな相談、悩みでも一つの窓口でトータルにワンストップサポートが受けられるのは、利用者にとって計り知れないメリットがある。目指すのは、「とりあえずあそこに行けば何とかなる」と思ってもらえる、「相続のデパート」だと佐藤所長は瞳を輝かせる。

PROFILE

佐藤　智春（さとう・ともはる）

昭和 59 年 2 月生まれ。秋田県出身。
平成 16 年仙台大原簿記公務員専門学校卒業後みらい創研グループ入社。
専門分野は相続税・贈与税・所得税・健康保険税・登録免許税・医療助成・障害者年金・遺族年金などによるライフサイクルを考慮した節税のほか、土地評価、名義預金の判定、節税を考慮した資産運用。生前対策は、贈与や遺言を主軸とした一般家庭・公務員家庭・中小零細企業の経営者向けの対策を得意とする。
セミナー開催実績多数。

INFORMATION

みらい創研グループ 日本みらい税理士法人

https://nihon-mirai-souzoku.jp/

所 在 地

〒 980-0811　仙台市青葉区一番町 2 丁目 8-10
あいおいニッセイ同和損保仙台一番町ビル 3 階
TEL　022-714-6131　FAX　022-227-3797

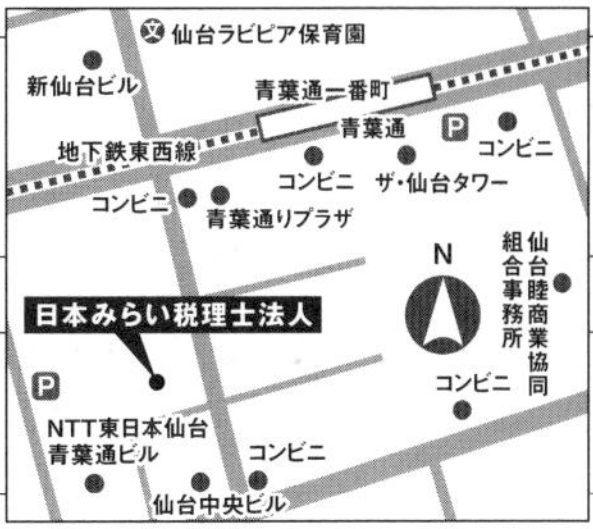

アクセス

地下鉄東西線「青葉通一番町」駅から徒歩 3 分
JR 仙台駅から徒歩 10 分

設　　立

平成 21 年

業務内容

相続税申告、相続手続き代行、遺言書作成サポート、家族信託サポート、生前対策サポート、事業承継サポート

みらい創研グループ基本理念

1. サービス＝価値の創造研究
私たちは、「お客様のパートナーとして、価値のあるサービスを日々創造研究しご提供し続ける」ことにより、お客様と私たち相互の成長発展を目指します。
2. お客様に幸福を
私たちは、「お客様に幸福をもたらすことが私たちの仕事である」という基本姿勢で常に仕事に取り組みます。

困難に挑戦して踏み出す企業と個人の伴走者を目指す

各分野の専門家の知見を総動員したワンストップサービスで企業経営と個人のかかえる各種問題の予防と解決をサポート

村松法律事務所

所長　弁護士

村松　弘康

被相続人が元気なうちに、相続人一人ひとりの意向や気持ちを聞き出し、全員の満足を実現する遺産分割計画を立案していきます

道内ナンバーワンの解決力を目指す法律事務所へ

健康・環境問題への取り組みで弁護士キャリアを形成

北海道札幌市にある村松法律事務所。ここには今、道内各地から様々な悩みを抱えて多くの相談者が訪れる。

「北海道にはどんなに苦しくても、夢と希望に向かって挑み続け、這い上がる独特のフロンティア精神が息づいています。私たちの事務所も同様に、どんなに困難な事件でも決して諦めずに立ち向かうスタンスで、いくつもの事件を解決に導いてきました。〝困難への挑戦〟は弊所の揺るぎない理念です」

こう力を込めて話すのは、村松法律事務所所長の村松弘康氏。「挑戦」という言葉に象徴される弁護士キャリアを歩んできた村松所長は、これまでの常識を覆す判決を次々と引き出してきた百戦錬磨といえる人物だ。自身の輝かしい実績と共に、事務所も発展。社会のニーズに応えるべく、近年では法律事務所の枠を超えた独自のサービスを打ち出すなど、さらなる進化を目指している。

「ここ数年の異常気象やコロナ禍による社会様式の変革など、人々の生活環境は以前に比べ大きく変化しています。その中で私たち法律事務所の担う役割も変化していかなければならないと感じています」

村松所長の語る変化のキーワードは〝各分野の専門家の知識・経験を総動員したワンストップサービスの提供〟。最近ではこうしたスタンスの下、相続を含めた高齢者・障害者のサポートにも力を入れた取り組みを行っている。

交通事故案件を得意とする脇山弁護士（左）と税に精通する藤野弁護士（右）

村松法律事務所の開設は、１９８３（昭和58）年。「マッチ箱のような小さな事務所で本当にゼロからのスタートでした」と懐かしく当時を振り返る。

開業から40年近くが経過した現在、事務所規模は見違えるほど大きくなり、弁護士15名、事務スタッフ15名、顧問8名を擁する道内トップクラスの規模を誇る法律事務所へと成長。ここまで半世紀近くの長きにわたる道のりの中で、村松所長は様々な事件を経験してきた。

「多くの事件を手掛けてきた中、北海道クロム訴訟、北海道金属じん肺訴訟、そしてスパイクタイヤ使用禁止公害調停、りんご無農薬訴訟。これらをはじめとした健康・環境問題に対する取り組みは特に印象に残っています」

ピンが打ち込んである「スパイクタイヤ」は、雪道や凍結路においても滑ることなく車を走らせることができた。今でこそ、冬用タイヤといえば、スタッドレスタイヤだが、かつて冬用タイヤはスパイクタイヤが90％以上を占めていた。しかし、スパイクタイヤで乾いた路面を走ると、ピンがアスファルトを削り、車粉（ピンとアスファルトの粉末）が空中に飛散し人間のみならず動物の呼吸器に多大な悪影響を及ぼすことが判明した。

「北海道では当時乗用車のほぼ全てがスパイクタイヤで、このまま放置すると甚大な健康被害が発生する虞がありました」この問題を解決しようと立ち上がった村松所長は、北大の山科教授、後に宇宙飛行士になった毛利助教授、関根司法書士、西尾・伊藤ドクター、その他多数の弁護士有志らとともに、タイヤメーカーに対するスパイクタイヤ製造・販売禁止の請求、車粉の危険性を啓蒙するための市民運動（スタッドレスの会・車粉をなくす市民の会）と弁護士有志の活動、雪道以外でのスパイクタイヤの使用を禁止する条例制定運動という三位一体の活動を推し進めた。

「結果、タイヤメーカーが製造・販売の中止を決断してくれましたが、他方で海外からの輸入スパイクタイヤの問題が浮き彫りとなりました。タイヤメーカーと協力して、スパイクタイヤの使用を禁止する法律をつくることになりました」

こうして、タイヤメーカーと共同して立法活動を行い、行政・政府と協力してスパイクタイヤの使用を禁止する法律制定にこぎつけた。「最も苦心した事はスパイクタイヤを「愛用」している市民をどのようにして味方につけるかでした。苦心の末、健康を唯一の争点として、安全問題には深入りしない戦法をとりました。この戦術が成功の鍵だったと思います。敵を間違えると勝たなければならない戦いも勝てなくなる。弁護士としてもいい経験になりました」

交通事故の高次脳機能障害認定訴訟に尽力

「救われるべき人を取りこぼしなく救済していきたい」

次に村松所長が力を入れて取り組む事件は交通事故。中でも高次脳機能障害の事案だ。「脳が損傷することで、認知に関わる様々な機能が低下し、通常の社会生活がうまく送れなくなる状態を高次脳機能障害といいますが、この病気と診断されると、精神障害手帳が交付されるなど、一定の救済を国から受けることができます。しかし交通事故を原因とする高次脳機能障害だけは、自賠責の認定のハードルがかなり高く、結果、救済を受けられずに苦しんでおられる被害者の方々が今も多くいらっしゃいます」

現行の自賠責認定手続において、交通事故による高次脳機能障害と認められるためには、原則としてCT・MRI画像での異常所見や事故直後の意識障害などがなければならない。これに対して村松所長は「これは相当重症例の場合です。この2つが認められなくても、社会生活がままならない高次脳機能障害で苦しんでおられる交通事故被害者の方は大勢いらっしゃいます」

こうした人々を救おうと、積極的に交通事故被害者の相談依頼を受けてきた村松所長は、2006（平成18）年に日本で初めて画像所見も意識障害も認められない交通事故被害者について高次脳機能障害を認定する歴史的ともいえる判決を勝ち取った。

「救われるべき人をしっかり救済していくためにも、今後も交通事故問題に力を入れ、依頼者が求める適切な賠償を司法の場で実現していきたい」と村松所長。交通事故による高次脳機能障害の訴訟で豊富な実績を持つ藤野弁護士、脇山弁護士、柴野弁護士、安川弁護士を中心にチームを組み、月に一度、脳神経外科の専門医を招いて所内で研究会を行っている。

企業の再生、投資被害、保険金の支払いなど様々な案件を手掛ける

「事件解決のためには専門家の意見や一般市民の感覚が重要」

その他、これまで村松所長は、事業再生、事業承継、証券被害、保険金の支払いをめぐる争いなどを手掛けてきた。ゴルフ場の再生などの外、RCC（整理回収機構）を相手に会社

の存続をかけて交渉し、抵当権の実行を阻止し、約400人の雇用を守ったこともある。証券被害では、投資被害救済のための投資者保護基金を相手取って訴えを起こした。一審・二審は敗訴したが、最高裁で逆転判決を勝ち取り、見事投資被害者を救ったこともある。保険金支払いをめぐる事件は、地震保険の加入者が地震被害を受け、保険会社に保険金を請求したところ、地震免責条項に該当するとして保険金がおりなかった。共済組合とは和解できたが、損害保険会社は和解を拒否した。

「判決自体はこちらが望む結果になりませんでしたが、保険会社に有利な約款、特に免責約款については説明義務があるという、のちの消費者契約法の源流となった判断を勝ち取ることができました」

「ゆとりろ」運営に尽力する柴野弁護士（左）と若手のホープである瀬田弁護士（右）

これら多種多様な事件処理を通して、村松所長は「裁判で勝つための道筋をつけるためには、弁護士の知識・経験だけではなく、公認会計士・税理士などの専門家の意見や一般市民の感覚も総合して作戦を練ることが重要である」ことを痛感したという。

「事件解決への正しい道筋をつけるためには、各分野の専門家の意見を聞く事が極めて重要です。弊所では、経営、会計、税務、経済、金融、行政、医療、法律（信託の専門家）など、様々なジャンルの専門家に顧問に就いて頂いています。専門家との戦略的協動による問題解決を目指します」

紛争の未然予防に重点を置く「生前の遺産分割協議」

介護や住宅、財産管理など生涯サポートが可能な「ゆとりろ」サービスを提供

これまで法人、個人問わず実に多様な案件を手掛けてきた村松法律事務所。同事務所が今、力を入れた取り組みを行っているのが相続問題だ。

「北海道の高齢者率は全国平均を上回り、単独高齢世帯および夫婦双方の高齢者世帯も急激に増えています。その中で当事務所ができることは何か。弁護士であれば、相続争いが起こった後の紛争の専門家というイメージが一般的ですが、私共は弁護士事務所でありながら、紛争を未然に防ぐための相続サポートを実践しています。当事務所はこれまで数多くの相続紛争を手掛けてきましたが、その度に『事前の対策を講じていたら、ここまでもめることもなかったのに……』という歯がゆさを感じてきました。当事務所が蓄積してきた未然に紛争を防ぐ知恵を何とか役立てられないかと考え、予防に重点を置いた相続サポート体制を構築しました」

こう話す村松所長が新たに生み出したサービスの一つが「生前の遺産分割協議」だ。

「被相続人が生きている間に、相続人一人ひとりの意向や気持ちを聞き出し、全員の満足を実現する遺産分割計画を立案していきます。遺言書で結論をくだす方法ももちろんありですが、親族同士みんな仲良く、信頼関係を維持しながら被相続人を見送るために、被相続人を含めた生前の遺産分割協議は最適な方法だと考えています」

さらに村松所長は「相続だけではなく、介護や住宅、財産管理など、生活における様々な悩みを気軽に相談できる存在になりたい」と、2016（平成28）年に画期的なサービスを生み出した。

それがシニア・社会的ハンディキャップを持つ人への総合支援サービスチーム「ゆとりろ」だ。

「高齢者や障害者の中には、悩みを抱えていてもどこに相談したらよいかわからないという人が大部分かと思います。我々も法律以外の悩みには力になれず、歯がゆい思いをしてきました。そこで、相談窓口を村松法律事務所が担い、『財産の管理、処分について相談したい』、『遺品の整理をしたい』、『介護支援を受けたい』、『買い物、掃除、草取り、雪かきなど日常生活の困りごとを手伝ってもらいたい』、『引越したい、自宅を貸したい』、『終活・相続の準備をしたい』など、悩みに応じて、我々とネットワークを組む介護施設、生活支援事業者、葬儀社、不動産仲介業者、ヘルパー、清掃業者、他士業の先生方など各分野の専門家を無料でご紹介させて頂いています。高齢者・障害者に付き添い生涯をワンストップでトータルにサポートすることができるサービス。それがこの『ゆとりろ』です」「ゆとりろ」は、メンバー会員になることで、様々なサービスを受けることができる。サービス開始以降、メンバーを着々と増やしている。

次代を担う若い弁護士を積極的に迎え入れ、人材育成にも注力

〝最後の砦〟として依頼者をとことんサポート

弁護士キャリア、およそ45年。これまで困難な事件への挑戦や、画期的なサービスの提供など、独自の弁護士道を歩み続けてきた村松所長。

「長く弁護士の仕事に就いて思うのは、この仕事はどこか山登りに似ているなということ。問題解決を山の頂上とすると、その頂上に辿り着くために、登山と同様複数の異なったルートがあり、

それぞれが専門分野・得意分野をもつ個性溢れる
村松法律事務所の所属弁護士と吉木医療顧問・石岡事務局長

その中からベストなルートを見つけるためには、弁護士としての知識や経験、それに周りの意見に耳を傾ける謙虚な心が必要になります。山も高ければ高いほど登り切った時の充実感は大きいですが、事件も困難であればあるほど解決できた時の充実感は何物にも代えがたい。どんなにキャリアを重ねても弁護士という仕事は、私の天職だと思っています」

　キャリアとしてはベテランの域に差し掛かってきたが、弁護士という仕事を今も愛してやまない。事務所では、次代を担う若い弁護士を積極的に迎え入れ、人材の育成にも力を注ぐ。ゆとりろ運営に尽力する村松康之弁護士、柴野弁護士、安川弁護士、離婚相談に豊富な経験を有する田島弁護士、交通事故の実績豊富な脇山弁護士、清水弁護士、国税不服審判所審判官を3年勤め復帰した税に精通する藤野弁護士、中小企業法務・再生・事業承継に精通する畔木弁護士、本池弁護士、石松弁護士、IT・知財の大﨑弁護士、新進気鋭の瀬田弁護士、民法学の権威北海道大学名誉教授吉田弁護士など、他にも個性あふれる優秀な弁護士が多数在籍している。

「今後も、連携する各分野の専門家の皆様とともに、法人、個人を問わずあらゆる困りごとを解決できる集団であり続けたい。モットーは〝最後まで諦めない、最後の砦〟。事務所を「挑戦の場」として選んでいただいた依頼者の方々への感謝と、決して諦めず、依頼者をとことんサポートする覚悟に満ちた、希望の光を灯し続ける法律事務所として日々精進したい」と今後の事務所の展望を力強く語る。

PROFILE

村松　弘康（むらまつ・ひろやす）

1946（昭和 21）年生まれ。北海道出身。
早稲田大学法学部卒業後、勤務弁護士を経て村松法律事務所開設。弁護士、海事補佐人。

【所属・活動】

札幌弁護士会副会長。北海道大学大学院法学研究科民事法専攻修士課程修了。札幌弁護士会ゲートキーパー立法阻止対策本部本部長代行。元日弁連国際刑事立法対策委員会委員。NPO 法人北海道活性化センター（タクティクス）代表理事。経営者育成塾北海道フロンティアカレッジ代表理事。ガイアネットワーク北海道代表。北自聖（北海道を自転車の聖地にする会）会長。わっしょい北開道副会長。北海道日中経済友好協会副会長。食と健康財団副理事長。日本綜合医学会北海道総支部理事。

INFORMATION

村松法律事務所

https://www.muramatsu-law-office.com/
（相続専門サイト　https://souzoku-sapporo.lawyer）

所 在 地

〒 060-0002　北海道札幌市中央区北 2 条西 9 丁目
インファス 5 階
TEL　011-281-0757　FAX　011-281-0886

アクセス

東西線西 11 丁目駅（4 番出口）徒歩 8 分

設　　立

1983（昭和 58）年

業務内容

・事業者の方
　契約、人事・労務問題、債権回収
　不動産問題、M&A/ 事業継承、事業再生、その他中小企業法務全般
・個人の方
　一般民事、交通事故、離婚、相続・信託、債務整理、刑事事件

モットー

踏み出す勇気の伴走者として、問題解決の最後の砦を目指す。

依頼者一人ひとりの想いを大切にきめ細かいサービスが評判

入管業務の専門家。法務博士として相続案件に深い専門知識を発揮

ゆっこさん行政書士事務所

代表　行政書士

石垣　由紀子

40歳からの再出発－をテーマに、
働く女性をサポートする
仕組みづくりの実現を目指します

沖縄県那覇市で成年後見手続、会社・法人設立手続、相続手続、在留手続、女性起業支援、各種許認可申請などを取り扱うゆっこさん行政書士事務所は、2020年9月1日に開業したばかりのフレッシュな事務所だ。

「一度聞いたら忘れられない名前に」と、自分の愛称である「ゆっこ」を付した事務所名にした。法務博士として、相続をはじめ民事的事象についての深い専門知識を有し、誰もが法律を身近に感じられるよう、きめ細かなサービスで目的実現に寄与している。

在留手続では、法務と入管の専門知識を兼ね備えた入管業務の専門家として申請取次行政書士の強みを発揮。また、会社・法人設立手続きでは、電子証明制度を取り入れるなど、クライアントの目的実現に迅速に対応している。

このほか、一般社団法人コスモス成年後見サポートセンター沖縄県支部の幹事として、高齢者・障がいのある人々の権利の擁護、財産管理、身上監護などの活動も行っている。

オンラインが主流となり、全国各地から受任

「弁護士へのハードルが高い」ときに相談できる行政書士

ゆっこさん行政書士事務所の業務は、基本的に石垣代表が一人でこなす。各種相談から手続き、申請などを幅広く扱うが、2020年9月の開業以来、時期が時期だけにコロナ禍における経済産業省の一時支援金や月次支援金の申請手続業務がかなりの割合を占めているという。

ゆっこさん行政書士事務所

「相続の最初の相談窓口として利用して欲しい」と話す石垣代表

営業エリアは特に沖縄に限定していない。行政の申請手続きが、全てオンラインで可能となっているからだ。

「日本全国、どこの申請でも受任できます。当事務所は月次支援金の事務局が募集・登録する支援金の『登録確認機関』になっていますが、申請する企業への事前確認もＺｏｏｍ（Ｗｅｂ会議システム）で行います。相手先に出向く必要もないので、営業エリアにこだわる必要もないと思っています」

個人の案件では相続関連が多い。何か問題がある場合、それが訴訟に発展するかどうかが大きなポイントとなる。行政書士は、対裁判所案件を取り扱うことができないため、すべての相続人が同意している案件に対応する。

また、遺産分割協議書の作成も行うが、これも相続人の間で争いがなく、合意形成されたものに限られる。行政書士は交渉を行う代理権を持たないからだ。

「とはいえ、遺産を巡る争いになるかどうかは当事者の皆さんにはなかなか分からない。でもいきなり弁護士に依頼するのはハードルが高すぎますよね。それなら行政書士に……と、最初の窓口として私たちが相談を受けるケースが多いです」と石垣代表。

成年後見など、高齢者の財産や権利を守るために活動

地域の介護事業所とも連携し、相続関係の相談に対応

石垣代表のもとには、今現在、地域の社会福祉協議会の事務局が置かれている地域包括支援センターから、相続関係の相談が寄せられることも多い。

「相続の相談」というより、相続に関する問題かどうか分からず、「こんな問題があるのですがどうすれば……」といった身の上に関する漠然とした相談がまず寄せられるという。これに対して石垣代表は、どのような法律に絡んでいるかを判断して解決への方策を探る。

「地域包括支援センターには〝よろず屋〟的な側面があります。地域の人たちのあらゆる悩み相談を受ける中で、法律的に問題のありそうなものが私のところに持ち込まれてくるという感じです。成年後見人や生活保護申請の判断など、センターからの相談は当事者が生活保護ギリギリの経済状態である高齢者が比較的多いですね」

例えば、親と成人した子供たちが、親の年金で生活している場合。親が病気になり、成年後見人が必要となる際どいところまで認知能力が下がってしまっていたが、認知症として法定後見人をつ

けると、子供は親の財産に手を付けられなくなる。今後の流れをどう進めるのがベターなのか？といった事例。

「あるいは、親に認知症の診断がおりたら親名義の土地や建物を自由に動かせなくなって困るので、弁護士に相談すべきか？　弁護士に払うお金がないときはどうすればいい？　生活保護を申請した方がいいか？　などですね。ちなみに生活保護を申請すると車が使えません。沖縄では車が使えない生活はかなり大変なので、悩ましいところです」と、石垣代表はさまざまな相談ケースに言及する。自身が成年後見人として業務にあたった事例はまだないが、石垣代表は「一般社団法人コスモス成年後見サポートセンター沖縄支部」の幹事であり、定期研修にて先輩行政書士らの事例報告で勉強中だ。

さらに、高齢者の財産や権利を守ることを目的とした「NPO法人沖縄県行政書士シニア等サポートセンター」の理事も務め、成年後見をはじめとする後見サポート、遺言書関係の終活サポート、相続開始後の遺産分割などの書類作成サポートに精力的に取り組んでいる。

「NPO法人沖縄県行政書士シニア等サポートセンターはこのほど、那覇市介護相談員派遣事業という那覇市の事業を受任しました。これから、実際に那覇市内の介護事業所を回り、事業者や管理者、担当職員の方々と意見交換を行なうと同時に、事業者と入居者間の橋渡し役となって、対話の中で相続関係の相談にも応じられるようにしていくつもりです」

ロースクールを修了して法務博士を取得

3度の出産・子育てを経て行政書士事務所を開設

夫で渉外担当の石垣正弘氏。英文書等の翻訳を手伝う。
南西医療器株式会社常務取締役。

もともとは弁護士を志していた。ロースクールを修了して取得した法務博士としての知識を生かし、法務相談でさまざまなアドバイスを行える強みがある。大学卒業後、弁護士を夢見て司法試験にチャレンジし、今行政書士として事務所を構えるまでは、紆余曲折の道のりだった。それは石垣代表の人生の道のりそのものでもある。

石垣代表は、実はロースクールに2回行っている。最初に弁護士を目指したのは、「さっそうとスーツを着こなして働く女性の姿に憧れており、スーツを着る仕事＝弁護士というイメージがあったから」だそうだ。そこでロースクールに入り、司法試験の勉強に打ち込んだが、結果は不合格。その後弁護士事務所で半年務めた後に結婚して専業主婦に。7、8年ほどは2人の子育てに専念し、「もう一度やってみよう」と2回目のロースクールにチャレンジした。

「2回目在学中に3人目の子を妊娠・出産しました。出産5日前まで講義を受けていて、出産2週間後には期末試験といった具合で、主人をはじめ多くの方々にサポートしてもらいながらやっと修了できました。それが2020年の3月。でも、なかなか思った通りにはいかないもので、結局司法試験は諦めざるを得ませんでした」

司法試験を受けるはずだった2020年、世界がコロナ禍に見舞われてしまったためである。司法試験の日程は1週間で、会場は福岡県だ。コロナ禍で小さな子どもを保育園に預けることもできない。最も優先すべきはやはり子どもの安全安心だった。

幸い行政書士の資格はすでに取得していたので、「それならば行政書士で開業しよう」と決断したのだった。石垣代表は、「弁護士を諦めて仕方なく行政書士を開業したのではない」と強調する。「精一杯やりたい勉強ができたし、社会に出て仕事ができるなら何でもいい。せっかく行政書士を持っているんだから、これを生かそう！」と大張り切りで開業したのだという。「それに、司法試験の受験資格はまだ生きているので、この先受けることもあるかも」と再挑戦の可能性もちらりとのぞかせた。

社会経験なく開業するも、依頼者から見守られ奮闘

依頼者の人生や歴史と向き合う仕事が「とても楽しい」

開業時は全てがとまどいの連続だった。「20代・30代は、2回のロースクール、司法試験、子育てメインだったので、社会経験がほとんどありませんでした。まず看板をつくり、名刺を刷って、挨拶状を出して、ゴム印を準備して……と、目の回るような日々。ゴム印にしても、黒と赤の違いすらよく分かっておらず、領収書や請求書の書き方も知りませんでした」と石垣代表は1年前を振り返る。

記念すべき最初の仕事は、産業廃棄物収集運搬業許可申請の依頼だった。「はじめの面談から、もうカチコチです。誰かの見よう見まねもできず、一所懸命調べました。それでも依頼者の方が暖かく見守ってくださり、ありがたかったです。請求書のつくり方まで教えてもらって。申請の許可が下りたときは、それはもうすごくうれしかったのを覚えています」と笑いながら語る石垣代表。「まだ1年ほどですが仕事がとても楽しい」と言う。

案件の大小にかかわらず、それぞれの依頼者に歩んできた人生や歴史があり、それが今の相談につながっていることが分かるので、真摯に向き合わねばならないと思わせられる。そうすることで自分自身の人生の経験値も増えるのだという。

最終的に目指すのは女性のキャリア復帰のための仕組みづくり

安心して子どもを産み、育てられる社会にするために

今後は、行政書士としてのスキルをさらに高め、事務所の認知度を上げていきたいと考えている。石垣代表には、働く女性をサポートする仕組みづくりを実現するという将来ビジョンがある。テーマは「40歳からの再出発」だ。誰しも、20代、30代、40代の節目に何らかの決断を行うタイミングが訪れるが、女性の場合、一度結婚して出産すると、仕事を続けるのも大変、退職したらしたで再就職のチャンスが得られずやはり大変なのである。しかるべき企業の正社員でない限り、産休育休制度の恩恵にもなかなか預かれない。

「私は専業主婦時代、20~30代の母親の多くがいかに優れたスキルを持っているか実感しました。

クライアント一人ひとりの想いを大切に、きめ細やかなサービスを提供する

専門スキルや知識だけでなく、コミュニケーション能力やタスク処理能力など、皆さんすごいのです。これを埋もれさせるのは社会のためにならない、何とかして生かすべきだと思いました。そこで、子育てが一段落ついた40歳辺りからでも正社員としてさまざまな職業を選べるような制度ができないかと。まだ私の頭の中でだけですが、構想しています」

　このような女性支援の仕組みづくりは、多くの人々や組織、企業との連携がないと成し得ない。

「だからこそ、今は事務所の実績や信頼を積み重ねていくべき段階だと思っています」と石垣代表は言う。相続関連業務などでシニア世代を手厚くサポートしつつ、次世代の人材となる子どもたちを、女性が安心して生み育てられる社会を目指していく。

PROFILE

石垣　由紀子（いしがき・ゆきこ）

沖縄県出身。慶應義塾大学総合政策学部総合政策学科卒業。

琉球大学法科大学院法務研究科修了。法務博士（専門職）。

【所属・活動】

沖縄県行政書士会那覇支部幹事。NPO 法人沖縄県行政書士シニア等サポートセンター　理事。一般社団法人コスモス成年後見サポートセンター沖縄県支部幹事。申請取次行政書士。

３児の母でもある。

INFORMATION

ゆっこさん行政書士事務所

https://www.yukkosan.jp/

所　在　地

〒903-0812　沖縄県那覇市首里当蔵町 1-18
TEL　050-8880-6516

アクセス

ゆいレール（沖縄都市モノレール）儀保駅から徒歩６分

設　　立

令和２年９月

業務内容

在留資格、国際結婚、永住許可、帰化申請、会社・法人設立手続、遺産・相続手続、成年後見手続き、風俗営業許可申請、産業廃棄物収集運搬業許可申請、女性起業支援、各種権利義務・事実証明文書作成

モットー

「もっと身近に法律を。目的実現のお手伝い」お客様一人ひとりの想いを大切に、その目的実現に寄与すべく、きめ細やかなサービスを心掛けています。

《掲載士業一覧》

弁護士法人ＡＣＬＯＧＯＳ

弁護士 亀山　聡

〒900-0021 沖縄県那覇市泉崎2丁目3-20
三医会ビル3階
TEL 098-996-4183 FAX 098-996-4187
URL https://aclogos-law.jp/

芦原会計事務所

代表 税理士 芦原　孝充

〒112-0003 東京都文京区春日2-19-12
小石川ウォールズ6F
TEL 03-5801-0815
URL https://ashihara-kaikei.com/

司法書士・行政書士法人 あす綜合法務事務所

代表 司法書士・行政書士 澤井　修司

〈秩父OFFICE〉
〒368-0046 埼玉県秩父市宮側町14-10　2F
TEL 0494-26-5522 FAX 0494-26-5523

〈深谷・熊谷OFFICE〉
〒366-0041 埼玉県深谷市東方3308-1
TEL 048-501-8778 FAX 048-501-8208

URL https://www.ash-office.com/

入江・置田法律事務所

代表　弁護士　**置田　浩之**

〒545-0051　大阪市阿倍野区旭町 1-2-7
あべのメディックスビル 411
TEL **06-6556-7846**　FAX **06-6556-7847**
URL **https://www.irieokita-law.com/**
(相続専門サイト　https://osaka-isanbunkatsu.net)

イワサキ経営グループ　株式会社イワサキ経営

代表取締役社長　**吉川　正明**

取締役兼税理士　**小宮山　麗子**

〒410-0022　静岡県沼津市大岡 984-1
TEL **055-922-9870**　FAX **055-923-9240**
URL **https://www.tax-iwasaki.com/**

A・I 税理士法人西条事務所

所長　税理士・行政書士　**池田　聖**

〒739-0144　広島県東広島市八本松南 7 丁目 7 番 6 号
TEL **082-428-4839**　FAX **082-512-0581**
MAIL **officehijiri@tkcnf.or.jp**
URL **https://officehijiri.tkcnf.com/**

税理士法人ＳＢＬ

代表　税理士　**八木　正宣**

〈奈良事務所〉

〒631-0822　奈良市西大寺栄町3-23　サンローゼビル3階

TEL **0742-32-1112**

〈大阪事務所・SBL相続承継プラザ〉

〒530-0001　大阪市北区梅田3丁目4-5　毎日インテシオ16階

URL **https://sbl-plaza.com**

オネスタ税務会計事務所

所長　公認会計士・税理士　**田邉　美佳**

〒710-0151　岡山市南区植松618

TEL **086-485-3351**　FAX **086-485-3352**

URL **https://www.onesta-tax.com/**

司法書士法人　州都綜合法務事務所

代表　司法書士　**原　弘安**

〈鳥栖オフィス〉

〒841-0036　佐賀県鳥栖市秋葉町3-18-6　HスクエアBLD

TEL **0942-83-0044**　FAX **0942-83-0054**

〈久留米オフィス〉

〒830-0018　福岡県久留米市通町10-4　TK久留米ビル

TEL **0942-36-3311**　FAX **0942-36-3322**

URL **https://shuto-office.com/**

（相続サイト　https://shuto-office.com/souzoku/）

ステップ行政書士法人

代表社員　特定行政書士　**大庭　孝志**

〒314-0031　茨城県鹿嶋市宮中 2010-3
カシマ 95 ビル 1F
TEL **0299-82-8153**　FAX **0299-84-0810**
URL **https://step-gyosei.com/**

行政書士事務所 相続しあわせ相談室

代表　特定行政書士　**宮本　秀樹**

〒856-0808　長崎県大村市黒丸町 197 番地 5
TEL **0120-13-0949**　FAX **0957-47-8399**
URL **https://www.souzoku-siawase.jp/**

田幡 FP・行政書士事務所

代表　行政書士　**田幡　悦子**

〒330-0062　埼玉県さいたま市浦和区仲町 2-5-1
ロイヤルパインズホテル B1　Mio 浦和 104 号
TEL **048-851-5092**　FAX **048-814-1303**
URL **https://www.tabataoffice.com/**

TOMA100 年企業創りコンサルタンツ株式会社

代表取締役社長　**藤間　秋男**

〒100-0005　東京都千代田区丸の内 1-8-3
丸の内トラストタワー本館 3 階
TEL **03-6266-2559**　FAX **03-6266-2554**
URL **https://toma100.jp/**

みやこ法律事務所

弁護士　東田　展明・田阪　裕章・日野　哲志

〒541-0041　大阪市中央区北浜3丁目2番24号
北沢ビル802号
TEL 06-6231-1115　**FAX 06-6231-1175**
URL https://www.miyako-law.jp/
(相続専門サイト　https://souzoku.miyako-law.jp)

みらい創研グループ　日本みらい税理士法人

所長　税理士・行政書士　佐藤　智春

〒980-0811　仙台市青葉区一番町2丁目8-10
あいおいニッセイ同和損保仙台一番町ビル3階
TEL 022-714-6131　**FAX 022-227-3797**
URL https://nihon-mirai-souzoku.jp/

村松法律事務所

所長　弁護士　村松　弘康

〒060-0002　北海道札幌市中央区北2条西9丁目
インファス5階
TEL 011-281-0757　**FAX 011-281-0886**
URL https://www.muramatsu-law-office.com/
(相続専門サイト　https://souzoku-sapporo.lawyer)

ゆっこさん行政書士事務所

代表　行政書士　石垣　由紀子

〒903-0812　沖縄県那覇市首里当蔵町1-18
TEL 050-8880-6516
URL https://www.yukkosan.jp/

おわりに

長期にわたるコロナ禍で停滞していた社会活動、経済活動の一日も早い「復興」が待たれています。新型コロナウイルスの感染拡大は未だ収束には至らず、景気の先行き、社会生活の見通しが定かではない今日、社会生活、学校教育、経済活動、企業経営など、私たちの暮らす地域で、あるいは職場、コミュニティー、家庭で、児童虐待や高齢者の孤独死、若年者の自殺、性犯罪、凶悪犯罪などストレス社会から派生するさまざまな社会病理現象が、日々の報道を賑わせています。

とりわけ本格的な超高齢社会を迎えて、家庭や家族間の「逃げ場のない空間」での相続を巡るトラブルや係争が一つの社会問題となっています。また、高齢化や人材難から事業承継に係る問題は事業を営む経営者にとって深刻の度を加え、何れも『次代へのバトンタッチ』の困難さが、コロナ禍を通して一段と際立ってきました。

加速する超高齢社会、少子高齢化の進展で社会を支える生産年齢人口の減少が今後の経済活動の見通しを一段と暗いものにし、コロナ禍を契機に改めて企業経営や雇用環境、医療、介護、福祉、教育、地域行政など社会のあらゆる営みにおける制度疲労、構造的な軋みが厳しく指摘されています。

こうした時代背景を受けて、相続や成年後見、離婚などの家庭内の問題から、交通事故や自然災害になどによる不測の事態、労務問題や事業承継、各種の債権債務、税務問題など企業経営に関わる様々なトラブルや問題解決に取り組む「社会と暮らしのかかりつけ医」として士業の専門家の皆さんの存在が、今改めて大きくクローズアップされています。

私たちはこれまで「社会のかかりつけ医」として各専門分野で活躍されている優れた士業のエキス

パートにスポットを当て、インタビューを収録して「士業プロフェッショナル　暮らしとビジネスを力強くサポートする」をシリーズ刊行してまいりました。これまでに多くの読者からご好評をいただき、このたびシリーズ第6弾として「士業プロフェッショナル　暮らしとビジネスを力強くサポートする2022年版〈相続・遺言・成年後見・家族信託・事業承継編〉を出版いたしました。

本書では高い志を持って、それぞれの専門分野で日夜業務に精励されている弁護士、行政書士、税理士、公認会計士、司法書士の皆さんに親しく取材し、その活動の一端を紹介しています。

本書にご登場いただいた専門家の皆さんは、相続・遺言、成年後見、家庭信託、事業承継などの専門領域で、依頼者に真摯に寄り添い、個々人の豊かで平穏な暮らし、より安心・安全な社会生活の営み、日々健全な事業の推進、持続可能な経営の安定に尽力され、力強くサポートするプロフェッショナルの方々です。

トラブル社会、ストレス社会といわれる今日、法人個人を問わず係争の発生件数は年々上昇し、長引くコロナ禍で一層拡大の度を強めています。格差社会の広がりと共に多様化、複雑化し超高齢化が進む現代社会において、本書が様々な問題を抱える事業経営者や生活者の皆様に些かなりともお役に立てば、甚だ幸いに存じます。

令和三年十一月

株式会社　産經アドス
産經新聞生活情報センター

「士業《しぎょう》プロフェッショナル 2022年版《ねんばん》
— 暮《く》らしとビジネスを力強《ちからづよ》くサポートする —」
＜相続・遺言・成年後見・家族信託・事業承継編＞

発行日　令和3年12月20日　初版第一刷発行
編著・発行　株式会社ぎょうけい新聞社
〒531-0071 大阪市北区中津1丁目11-8
中津旭ビル3F
Tel. 06-4802-1080　Fax. 06-4802-1082
企　画　株式会社産經アドス
産經新聞生活情報センター

発　売　図書出版 浪 速 社
〒540-0037 大阪市中央区内平野町2丁目2-7
Tel. 06-6942-5032㈹ Fax. 06-6943-1346

印刷・製本　株式会社 ディーネット

ISBN978-4-88854-543-3